「インクルーシブな保育」導入のススメ

多様な子どもたちを受け入れるための心得

若月芳浩 著

中央法規

「インクルーシブな保育」導入のススメ

多様な子どもたちを受け入れるための心得

はじめに

幼児教育・保育の実践と研究にかかわり、35年以上が経過しました。その経験の中で、3つの園で、担任・主任・副園長・園長を経験し現在に至っています。養成校においては専門学校、短期大学、大学、大学院と、保育の世界や研究者を目指す多くの学生と出会い、今日まで日々わくわくしながら仕事をしています。

その中の出来事や人との出会いは、常に私自身の教育・保育に対して疑問を投げかけ、新たな考えを具体的に実践する機会を与えてくれたのです。特に障碍のある子どもとの出会いは、自身が担任をしている時に、葛藤や不安だけでなく、今までの保育のあり方では通用しないという気づきをもたらせてくれただけでなく、保育のあり方自体を見直さなければならない状況を生み出してくれたのです。

これは、保育実践にかかわる中ではとても大切なことでした。過去にかかわってきた障碍のある子どもが成人になり、幼児期のことを思い出して会いに来てくれるのは、私の実践が本当に正しかったのか否かを確認させてもらう貴重な機会となります。

保育には正解がありません。しかし、正しいと思える方向性はあります。逆に、正しくないかかわりや保育のあり方は存在します。本書は、障碍のある子どもに対する保育のあり方と考え方、ふさわしくない保育のあり方や社会構造に疑問を投げかけることを重要な目的としています。

多様性(diversity)と共生社会(inclusion)という言葉は今や当たり前に使われるようになりましたが、その理念や実践、社会構造についてはまだまだ障壁が拭いきれていません。逆に、差別的な要素が高まっている現実があることも否めません。私はそのような状況に追い込まれた家族や保護者に多く出会ってきました。入園するまでの疎外感、子育てをしている時の不安、入園後の周囲の保護者との軋轢、園とのやりとりの中で生まれる課題、また就学への多大なる不安、就学後の課題、そして社会人になってからの難しさなど、悩みの尽きない状況に出会ってきました。

しかし、そのような葛藤の中で、障碍のある子どもがゆっくりではありますがしっかりと育つ状況、その子なりの良さが発揮されて家族と幸せに過ごす姿、多くの人に大切にされてその良さが評価される姿にも多く出会ってきました。

これからの日本は、多様性を受け入れる方向に動いていかなくてはなりません。しかし、まだまだ壁は高く、私にはそのゴールは見えていません。しかし、ゴールは見えなくても、道のりは少しずつ見えてきました。本書を通じてその道のりを少しでも示すことにより、障碍のある子どもの保育と保育の質的向上をつなぎ合わせ、少しでも多くの現場や研究者のお役に立つことができれば幸いです。

著者

CONTENTS

●凡例

本書では、原則的に次の通り用語を統一しています。

障碍、障害→障碍

子ども、幼児→子ども

保育士、幼稚園教諭、保育教諭→保育者

第1章

障碍のある子どもが当たり前に存在する保育

インクルーシブな保育実践とは

共生社会の実現に向けた最近の動き

最近、メディアや書籍などで「インクルーシブ」という言葉を見聞きするようになりました。しかし、その正確な意味はなかなか伝わっていないのが現実です。本書では、インクルーシブを重要な言葉として取り上げるだけでなく、乳幼児期の子どもにとっての経験や、将来共生社会を形成するために大切なこととして取り上げたいと考えています。インクルーシブ（Inclusive）は、日本語では「包摂・包括」といった意味で使われています。しかし、この日本語はなかなか理解しづらいこともあり、包み込むといった意味合いにおいて、インクルーシブという言葉が一般的に使われるようになりました。

1994（平成6）年にスペインで開催された特別教育世界会議のサラマンカ声明※1において、インクルーシブという言葉が示されました。その後、日本では障害者の権利に関する条約※2の批准、障害者差別解消法※3などの法的整備が進み、文部科学省がインクルーシブ教育システム※4の未構築等を強調し、特別支援教育の推進が図られてきたのです。また、多様性（diversity）の尊重などについても取り沙汰されることが多くなり、障碍※5だけでなく、さまざまな特徴をもつ人々を大切な社会の一員として位置づけ、共に生きる共生社会の重要性がここ数年でさまざまな分野から主張されるようになってきました。

乳幼児期の教育・保育における課題

このような理念は大変すばらしいと思うのですが、乳幼児期の教育・保育に目を向けてみると、現実的には多くの課題が山積しています。

- 障碍児は本園では受け入れていません。
- 入園したけど、他の子どもに付いて行くことができません。
- 着席ができないので活動への参加が難しいです。
- プレ入園の時点で入園を断られました。
- 転園を迫られて、転園することにしました。
- 障碍児が多くなって人手不足です。
- 担任の負担が多くなって、全体を見ることができません。
- 障碍のある子どもが部屋から出て行って保育ができません。
- 障碍児保育の研修をもっと多く実施してください。

こうした声があちこちから聞かれる現実を、私たちはどのように受け止めればよいのでしょうか。また、このような状況に直面している保護者のダメージを想像できるでしょうか。子どもにとって大切な時期を過ごす幼稚園・保育所・認定こども園の保育者は、この現実をどのように受け止めるのでしょうか。改善のためには、インクルーシブな保育実践を丁寧に実現することが急務となっているのです。

インクルーシブな保育実践とは、多様な子どもたちを園として受け入れ、当事者である障碍のある子どもと、他の子どもとの関係を深め、どの子どもに対しても一人の大切な子どもとして育て、「いろいろな人がいても実践できる保育」「どの子どもにとっても楽しい園生活」「保護者にとっても多様な子どもがいることで保育が楽しくなる実践」を目指すことが必要なのです。

このように書くと、とても理想的なことと感じる方もいるかも知れません。しかし本書では、インクルーシブな保育実践を実現するために必要なことを随所にちりばめています。ハウツーを期待するのではなく、日々の具体的な実践の中にある課題を見出し、結果的に保育を見直していくことが必要なのです。そのことは、結果として保育の質的な向上につながります。「障碍のある子どもがいると大変」ではなく、「障碍のある子どもがいることで保育の質が高められる」。そんな気持ちで保育を検討していきましょう。

障碍のある子どもと他の子どもがいる保育 ▶ 実践の中にある課題の検討 ▶ 保育の見直し ▶ 質の向上

園の体制とインクルーシブな保育の仕組み

「インクルーシブ保育」と「インクルーシブな保育」

文部科学省は「インクルーシブ教育・保育」という名称で啓蒙していますが、本書では「インクルーシブな保育」としています。これには重要な意味があります。インクルーシブ保育と聞いた場合、障碍のある子どもに対する何か特別な保育のあり方があるのではないかといった誤解を受ける可能性を感じるのです。とかく日本人は、海外から輸入された名前を好み、内容を理解しないまま、形式ややり方を導入する傾向があります。インクルーシブ保育は、具体的な手立てや方法論を樹立させるためにあるのではなく、保育の営みを丁寧に考えることが出発になるため、何か新しいやり方や方法を期待されると困るといった意味合いをもっています。

日本の教育・保育に対する国の方向性は２０１７(平成29)年、保育所保育指針・幼稚園教育要領等というかたちで明確に示され、すでに多くの園で具現化に取り組んでいると推察されます。しかし、現実を垣間見ると、昔ながらの保育の伝統を重視するという考えに立脚し、集団活動のみを重視し、子どもの主体性や遊びを大切にすることができない園が多く存在することも否《いな》めません。世界で共有しているキー・コンピテンシー※6や主体的・対話的で深い学び※7の具体的な実践の方向が示されているにもかかわらず、そのような方向性には感化されない保育実践があることも否定できません。

こうした現状から考えると、今ある保育の中に障碍のある子どもを入れ込もうとする保育実践には元来無理があり、他の子どもがやっていることと同じことをさせるために加配※8の保育者を配置して、本人の意思や思いとは関係なく、保育の中に入れ込むことがなされている状況があるのです。このような方法論に立脚すると、保育者は加配に頼らざるを得ない状況となり、集団の中に入ることができない障碍のある子どもは厄介者扱いされ、阻害され、結果的に退園を迫られることになってしまいます。

子ども主体の保育への転換

ですからまずは、保育自体のあり方を見直していく必要があるのです。ただし、保育の見直しは簡単なものではありません（拙書『園長の仕事術』※9の中にその苦悩が示されています）。目の前にいる子どもが将来たくましく生きていくためには、やらされる保育から脱却し、子ども主体の保育を実現していかなければなりません。このような方向性に転換することができれば、障碍のある子どもや多様な子どもの受け入れは今までとはかなり変化してくるのです。

多様な子どもを丁寧に受け入れることが可能な保育の仕組みは、子どもを肯定的に受け入れようとする園の姿勢が最も大切です。他の子どもと違うことを指摘したり、障碍児だからといって特別扱いするなど、多様性に対して全く意識を示さない保育者の園は、保育の基礎・基本である、子どもを尊重する姿勢から改善する必要があります。他の子どもと違うことを個性として認め、配慮を必要とする子どもに対しては、その内面を丁寧に理解し、どのようなところに課題があるのかを保育者が共有し、その子どもに必要な保育のあり方をしっかりと検討していくことができる園は、結果的に保育の質が向上していくのです。

もちろん簡単には実践できないことは理解していますが、何よりも子どもの育ちが変化し、保育者が保育を楽しむ方向性が生まれることに大きな価値があります。本書が目指す、インクルーシブな保育と保育の質的な向上の根幹はここにあるのです。

事例1 インクルーシブな保育で成長したB君と家族の将来

B君は3歳児健診の際に言葉の遅れがあることを指摘されて、専門機関にかかわることになりました。専門機関に申し込みをしたところ、実際に検査が行われるまで3か月近く待つことになったといいます。9月下旬に専門機関に初めてかかわったB君は、発達検査などを受けた上で、医師から「自閉スペクトラム症」※10との診断を受けました。母親は地域の幼稚園に応募する予定でしたが、受け入れてもらうことが可能かなど、大きな不安を抱いたそうです。

そんな中、10月中旬に園児募集が始まったので、募集要項を取りに行きました。その際に、専門機関で診断を受けたことを伝えたところ、「障碍のあるお子さんは、保護者と一緒に園にいていただくことになります」と、思いもよらない言葉が返ってきたのです。地域の園に入園して、近所の子どもと少しでもつながりをもつことを夢見ていた母親は、今後どのように生きていけばよいのか、わが子の将来を案じるようになりました。父親とも相談した結果、週に1回でもいいので、希望する園に子どもだけで通わせることができないか交渉しました。

しかし、「専門機関にかかわっている以上、障碍のある子どもは手がかかるし、担任の負担は増加し、結果として他の子どもにも迷惑がかかることになってしまう。お宅のお子さんだけに先生を付けることは難しいし、行事やイベントの時は園を欠席してもらうこともあります」と追い打ちをかける言葉が返ってきました。

夫婦で相談した結果、希望する園に通うのは、子どもにとっても夫婦にとっても好ましくない結果になるのではないかと判断し、入園をあきらめました。その後、障碍があるとはいえ、言葉も少しずつ増えて、家庭での遊びでも穏やかな姿が見られるようになり、B君なりの成長が見られるようになってきました。

◉子ども主体の保育、遊びを大切にした保育の実践

そんな時、障碍のある子どもを受け入れているS幼稚園に見学を希望しました。母親はまた断られるのではないかという強い不安をもって園に足を運んだそうです。診断を受けていることを伝えずに入園することも考えました。そんな気持ちで見学に行った時に、副園長は園としての方針を伝え、いろいろな子どもが園にいて、それぞれ個性をもっていることも大切であること、皆と同じことができないことは決してダメではなく、時間をかけて仲間と共に生活や遊びを経験することで、大きく変化するであろうことを伝えられまし

た。すると母親は、今までの緊張感がなくなり肩の力が抜けました。そして、将来に向けて少し希望をもつことができたのです。

また、S幼稚園は「子ども主体の保育、遊びを大切にした保育」を実践していることもあり、子どもがもっている力を最大限に発揮することが可能な園として地域から評価されている園だったのです。入園したB君は、個別の配慮などはかなり必要ではありましたが、入園後は自分の好きな遊びの時間がしっかりと保障されていること、担任の保育者がB君の好きなことを一生懸命に探してくれたこと、B君のことを好きな仲間が少しずつできたことなどを通して、とても安定した園生活が過ごせるようになったのです。

3年間通ったB君は、言葉によるコミュニケーションも豊かになり、課題はあるものの、仲間と共に過ごす3年間で大きな成長を見せたのです。

就学については、個別支援の学級に行くか、一般学級に行くか最後まで悩んでいました。しかし、幼稚園で培った仲間との生活を大切にした上で、個別支援の学級に入学し、一人ひとりに合わせた学習の進め方や環境を大切にしてもらうことで、B君の良さや個性を十分に発揮できる学校生活へと移行していったのです。インクルーシブな教育・保育の実践は、結果的に家族を幸せに導くだけでなく、障碍のある子どもの良さを活かし、仲間と生活することの大切さを体験することが可能となるのです。

障碍のある子どもを心から受け入れるために必要なこと

「特別の人」に仕立てる園

障碍のある子どもの存在感は、とても大きくなる場合があります。他の子どもと異なる行動が多くなったり、パニックを起こすことがあったりなど、その特性はとても多様であり、個性的です。そのようなことが起きても、障碍のある子どもを日常的に受け入れられる園やクラスがある一方、一つひとつの出来事に対して過剰に反応し、結果的に「特別の人」に仕立ててしまう園やクラスもあります。この違いは、どこから生まれてくるのでしょうか。

各園には園の保育の考えや理念があり、その実現のためにカリキュラム・マネジメントを重視し、子どもに必要な保育を検討しています。その結果として、実践が生み出されているのです。しかし、時代の背景や対象となる子ども、地域社会などは変化しています。こうした現在の実情から考えると、「古くから実践していることを毎年同じように実施することが、本当に今の子どもに必要な保育になっているのか」という点を精査することが必要です。

さらに、幼稚園教育要領、保育所保育指針、幼保連携型認定こども園教育・保育要領の理念を理解することも重要です。障碍のある子どもは増加傾向にあり、被虐待児も増えています。こうした子どもたちや医療的ケアが必要な子ども、貧困家庭の子どもをある一定の枠組みだけで見てしまうと、多様性を認めない結果を生み出してしまう可能性が高くなります。

一定の基準を押しつけることの弊害

家庭内のことを考えても、家庭教育のあり方は大変重要であり、子どもの成長と育ちや心を左右します。親の一方的な思いで形骸化した理念や伝統のみを押しつけられ、苦悩している大人に出会うこともあります。一人の人の思いや考えを無視して、ある一定の基準を人に押しつけることは、当事者にとっても周囲の人にとっても、苦しい状況を生み出す可能性が高くなります。結果として、その枠に入らない人は阻害されてしまうこともあるのです。これを園やクラスの運営に置き換えれば、多様な個性をもつ子どもたちに対して保育者や周囲の保護者が日ごろからどのような意識でかかわるかによって雰囲気が作り出されてしまうのです。

どのような子どもに対しても教育を保障するといいながら、阻害要因を排除したい気持ちが根底に流れていると、結果的に排他的なクラスを作ってしまう可能性があります。インクルーシブな保育を実現するためには、多様な人との生活を工夫するとともに、小さな成果を認めながら子どもがどのようなニーズをもっているのかを見極め、小さな配慮と小さな成功を積み重ねることがポイントになることを、保育者全員が意識しなければなりません。

障害者差別解消法と保育
――合理的配慮の視点から

保育現場の合理的配慮

２０１６（平成28）年4月から施行された障害を理由とする差別の解消の推進に関する法律（障害者差別解消法）は、保育の世界にも変革をもたらす可能性があります。インクルーシブ教育・保育の理念やその考え方、具体的な保育の実践や普及は、いまだ進んでいるとはいえない状況が多くあります。しかし、この法律が施行されたということは、新たな視点から保育のあり方を検討する時が来たのではないかと考えています。

それでは、新たな視点とはどのような考えに基づくことが必要なのでしょうか。差別の解消のためには、個々の子どもの理解や保護者への対応など、園として慎重かつ丁寧なかかわりが必要です。園の保育の質的向上を具体的に考えた場合も同様の課題が生まれてきます。合理的配慮※11を保育の中で考えるためには、保育の質的向上と共通する課題を探ることが必要になります。

合理的配慮の考え方を保育に当てはめて考えると、まずはさまざまなタイプの子どもの入園を前向きに考えることから出発しなければなりません。障碍があることで入園を断ったり、難しさや発達の偏りに対して偏見をもつことを園として排除しなければならないのです。さらに保育の質的向上を考えると、個々の子どもがもつさまざまな要求や要望を理解し、それらに対して自己実現が可能になるような環境の整備や対応が求められるのです。このような保育を実現するためには、画一的な保育の考え方から脱却し、今までの保育のあり方から一歩踏み出す必要があります。そのことが保育の質とつながるのです。

その踏み出し方が、伝統を重んじる園にとって難しい側面があるのは筆者の経験から痛感しています。例えば、保育のあり方が画一的かつ経験・活動主義的になっている場合です。「何かを達成させること」や「できるようになること」ありきの保育が伝統となっていれば、その文化から脱皮しなければならないのです。簡単なようですが、保育実践の見直しには困難を伴うことがあります。まずは目の前に存在する個々の子どものために保育を考え、見直すこと。このことが、子どもの育ちや発達に有益な影響を与える保育のあり方であり、保育の質的向上につながると考えています。

事例
2 4・5月の子どもの姿から保育を見直す視点を探る

◉幼稚園なんか大嫌い

入園前に障碍があることがわかり、専門機関に週に一度通園しているC君が、入園してきました。入園式からの数週間は、自分らしさを出すことなく、とてもおとなしくしている姿が逆に気になっていました。素直に着席し、保育者の話に耳を傾け、新しい活動にも問題なく参加していました。

しかし、4月の下旬頃から園に行くことを嫌がる姿が出てきて、母親が心配を園に伝えてきたのです。今まで、公園や地域の子どもとほとんど遊んだことのないC君は、新しいことが目の前で起こると、最初は素直に受け入れますが、じっと様子を見た上で、自分にできるかできないかを判断するのにとても時間がかかり、できないと感じるとかなり拒否的な行動を示す

ことがあったそうです。そんなC君の特性を知っていた母親は、担任の保育者にその旨を伝えてきました。

　そんなある日、C君が苦手な場面がいくつか露呈してきました。最初に恐怖を感じたのは身体測定です。入園直後に身長や体重を計ることは通例になっており、4月の中旬に園児は上半身裸になって体重計に乗り、身長計で計測します。その時は生活の仕方などの習慣がほとんど身についていないため、補助の保育者が総動員で手伝わなければならない状況です。担任の保育者は、子どもたちが体重計に親しみをもてるよう、子どもが好きなキャラクターの絵を貼り付けたり、身長計の計測部分に電車の絵などを貼っていました。多くの子どもにとって初めての身体測定でしたが、それほど嫌がることもなく取り組んでくれました。

　そんな中、C君は初めて乗る体重計にとても恐怖を感じたようです。近くにいた保育者がC君と手をつなぎ、体重計に乗せようとしたところ、C君は急に大声で泣き出しました。保育者はその様子が理解できず「大丈夫、大丈夫」と言って抱きかかえながら、C君を体重計に乗せました。そのことがよっぽど嫌だったようで、C君はパニック状態になり、保育室から出て行ってしまったのです。その後も裸のまま泣き叫び、手がつけられない状況になりました。30分程度経過した後、担任が洋服を持って近寄りましたが、C君は担任の顔をにらみ、洋服を着ようとはしませんでした。

◉当たり前の「4月の体重測定」を見直す

このようなことがきっかけになったのか、C君は露骨に「幼稚園なんか大嫌い」と大声で叫ぶことが何度かありました。その都度担任はC君の気持ちを受け止め、思いに寄り添うように心がけましたが、拒否的な態度が強くなります。

そこで、園として何か手立てがないかを全員で検討する機会を設けました。今まで当たり前に実施していた身体測定でしたが、C君の状況から考えると、4月に裸で計測する意味がどこまであるのか、再度検討することになりました。多くの家庭では子どもの体重を計ることを実施していると思います。数名の保護者に「体重をどの程度の期間で計測しているか」と尋ねてみると、1週間に一度程度、入浴の時に計っていることがわかりました。そこで、各家庭に4月下旬までに家庭で計測した体重を園に伝えてほしいと連絡したところ、全家庭から報告がありました。

こうして数か月は家庭で体重を測定してもらい、園で記録することにしました。身長に関しては、身長計を持っている家庭は少ないことが想定できたので、身長は園で月に一度測定して記録することにしました。小さなことですが、個々の子どもの過度な負担を軽減し、大きなプレッシャーをかけないようにすることも保育における合理的配慮といえます。

体重測定がなくなったことで、C君の負担も軽減され、保育者にとってもパニックを起こす前に回避することが可能となりました。

個々の子どものもつ要求に応える

保育の見直しを考える視点として重要なことは、個々の子どものもつ要求に応えることを出発とすることです。障碍の有無にかかわらず、誰もが自分自身の要求をもっています。入園してからの時間は保育者や子ども、保護者にとって、緊張感の高い日々の連続です。子どもが自分の思いを素直に表現できる環境が園に整っていれば、泣くことや拒否することが可能です。逆に、親の期待や保育者の思いを汲み取って「良い子」でいることに必死な子どももいます。障碍のある子どもの場合は、特に入園当初は保育室にいること自体が難しかったり、集団生活の中で特異な行動が目立つ場合があります。このような時がかかわりの始まりであり、保育を見直す視点を検討する時なのです。

新たな環境に入り、自分なりの生活のリズムを形成するまでには時間がかかります。4月は緊張していた子どもが5月の連休明けに泣き出すなど、不安が強くなってくる場合もあります。不適応な状態があったり、自分自身を表現してくれるのは、園生活の中で重要な時期として考える必要があります。適応することに必死になって、自分自身を押し殺している子どもが多いのも4月・5月の時期です。

個々の子どものもつ要求を理解するために、まずは子どもが自分自身を表現することを尊重し、大人が個々の子どもの内面を読み取る努力をしなければなりません。保育のあり方や計画、週案などの予定がいっぱいで、やらせなければならないことが多くなれば、個々の要求を見極めることが難しくなります。保育者の要求を出せば出すほど、子どもの要求が見えなくなります。

しなければならないことから、楽しむことができる日常へ

このような状態は合理的配慮どころか、どの子どもにとってもつらい状況を招く可能性があります。保育の見直しの出発は、1日のスケジュールや活動内容の軽減、保育者の過度な負担を減らすことがポイントです。しなければならないことから、楽しむことができる日常のゆとりへの意識転換が必要です。個々の子どもは保育者のゆとりある姿に安心感を感じ取り、自分の本来の姿を出します。枠にはめることに終始する保育のあり方では、個々の子どもの要求を理解することが難しいだけでなく、枠にはめ込むためのテクニックが優先されてしまう可能性があります。

子どもが安心して自分自身を発揮できる保育への転換が、合理的配慮の出発です。4月・5月はそのスタートの時です。そのためにも、保育の見直しの視点を具体的に考えながら、日々の保育の展開を考えることが求められます。❤

注

1 「特別なニーズ教育に関する世界会議：アクセスと質」（ユネスコ・スペイン政府共催、１９９４年）に於いて採択。会議は、「特別なニーズ教育における原則、政策、実践に関するサラマンカ声明ならびに行動の枠組み（Salamanca Statement on principles, Policy and Practice in Special Needs Education and a Framework for Action）」を採択した。これらの文書は、インクルージョン（inclusion）の原則、「万人のための学校」すべての人を含み、個人主義を尊重し、学習を支援し、個別のニーズに対応する施設に向けた活動の必要性の認識を表明している。

2 ２０１４（平成26）年1月20日、障害者の権利に関する条約の批准書を国連に寄託、同年2月19日に我が国について発効した。この条約は、全ての障害者によるあらゆる人権及び基本的自由の完全かつ平等な享有を促進し、保護し、及び確保すること並びに障害者の固有の尊厳の尊重を促進することを目的とする。

3 国連の「障害者の権利に関する条約」の締結に向けた国内法制度の整備の一環として、全ての国民が、障害の有無によって分け隔てられることなく、相互に人格と個性を尊重し合いながら共生する社会の実現に向け、障害を理由とする差別の解消を推進することを目的として、平成25年6月、「障害を理由とする差別の解消の推進に関する法律」（いわゆる「障害者差別解消法」）が制定され、平成28年4月1日から施行された。

4 文部科学省が平成24年7月 中央教育審議会初等中等教育分科会報告として「共生社会の形成に向けたインクルーシブ教育システム構築のための特別支援教育の推進」を公表し今後の取り組みが明らかになった。

5 障碍という標記は、津守真氏の「私が保育を志した頃」69頁、ななみ書房（２０１２）の記述に共感し、筆者は本書では障害の標記ではなく、障碍と記述する。

6 key competencies（主要能力） 知識や技能よりも1段階上位にあり、「特定の状況の中で、心理的・社会的な資源（技能や態度を含む）を引き出し、活用することにより複雑なニーズに応じる能力」としている。
1 人生の成功や社会の発展にとって有益
2 さまざまな文脈の中でも重要な要求（課題）に対応するために必要
3 特定の専門家ではなくすべての個人にとって重要

7 「主体的・対話的で深い学び」の視点に立った授業改善を行うことで、学校教育における質の高い学びを実現し、学習内容を深く理解し、資質・能力を身に付け、生涯にわたって能動的（アクティブ）に学び続けるようにすること。

8 質の高い学びを実現し、学習内容を深く理解し、資質・能力を身に付け、生涯にわたって能動的（アクティブ）に学び続けるようにすることが求められている。幼児期からこのような方向性が明確に示されている。

9 田澤里喜・若月芳浩編著「保育の変革期を乗り切る園長の仕事術」（２０１８）「採用と育成の好循環を生み出す園長の仕事術」（２０２０）中央法規出版

10 自閉スペクトラム症（autism spectrum disorder·ASD）は、社会的コミュニケーションおよび対人相互性反応の障害、興味の限局と常同的・反復的行動を主徴とし、乳幼児期に発現する精神発達の障碍である。

11 合理的配慮（reasonable accommodation）とは、障碍者から何らかの助けを求める意思表明があった場合、負担になりすぎない範囲で社会的障壁を取り除くために必要な便宜のこと。

第2章

障碍のある子どもの保育と保育の質的向上

障碍のある子どもが園に存在する意味と課題

好きなことだけでいいの？

障碍のある子どもの存在が、園にとってネガティブな状況が多いかどうかを確認することはとても大切です。

集団活動が多い園に集団行動が苦手な子どもが存在すれば、おのずと集団からはみ出す行動が気になり、結果としてネガティブな対象になってしまうことになります。遊びを重視している園の中では、障碍のある子どもが好きな時間や好きな場所を自ら選び、興味・関心のあることにじっくりと取り組むことが可能になると、その存在は目立たなくなり、気になる場面は減少し、ネガティブな感情が生まれにくくなります。

それでは、定型発達の子どもにとってはどうでしょうか。元来、子どもは主体的に自身の好きなことや好きな仲間と好きな時間を過ごすことによって、発達に必要な経験を積み重ねます。ここで、子ども本来がもつ力が十分に発揮されることに、保育としての重要な意味があるのです。このことは、障碍の有無に関係なく、どの子どもにとっても必要かつ大切な経験です。

しかし、1日中好きなことだけをして生活するわけにはいきません。集団活動とはいえないまでも、生活に必要な節目や食事、排泄などの生活習慣、行事としての遠足や運動会など、さまざまな日本の文化や伝統を重んじた機会はとても大切です。そのような日々の場面で、園として何を大切にしているか、子どもにとって必要な経験は何か、保護者に理解をしてもらうために必要な発信は何かなど、今ある保育を冷静に見極め、その意味と価値をしっかりと理解し、園で働くすべての人が共有する必要があります。

しかし、園の運営状況を鑑みると、筆者が経験してきたことも含めて、毎年やっている保育内容や行事などは、その意味や価値を検討することなく、ルーティーンとして実施されているケースが多いことも否めません。

例えば描画の活動において、経験画といわれるような題材で子どもに絵を描かせる状況を考えても、遠足に行ったら絵を描く、行事を経験したら絵を描く、畑に野菜を植えたら絵を描くなど、「なぜ経験したことを絵に描く必要があるのか」「子どもにとって絵を描くことはどのような意味があるのか」という議論が重ねられることなく、毎年決まっているからと、何の疑いもなく続けられていることも多くあるのです。

立ち止まること

そこで、毎年続けられている保育内容を、改めて立ち止まって見直すことが必要です。なぜならば、子どもが主体的に活動できる時間を大切にすることに育ちの意味があるからです。させることを当たり前に実践している園は、子どもが主体的に活動する時間と場面が極端に少なくなる傾向があります。しかし、子どもが「やりたい」と思う遊びや活動を子どもの興味・関心から生み出すことが可能になると、子どものもつ力を強く発揮させることが可能になります。

Competence※12という重要な概念があります。教育や保育の役割は、与えられたことを「こなす」ことで成立するのではなく、educationの理念は人のもつ力を導き出すことにあるのです。もちろん与え、授けることも必要ですが、このcompetenceの状態になることを考えると、自らの力を能動的に周囲に働きかけて、自らの興味・関心によって探求し働きかけを行い、自らの力として積み重ね、自身のもつ力をあらゆる場面で発揮することができるようになることが必要です。経済協力開発機構（OECD）で重視する言葉でいえば、社会情動的スキル※13とつながります。

このように、子どもがもつ力を十分に発揮できる保育に質的に転換することが可能になると、障碍のある子どもが「気になる」姿は減少する傾向となり、保育者のネガティブ感情が減少する可能性があります。障碍のある子どもが存在してくれることは、実はとても大切な意味があるのです。実際にいくつかの園の悩みや課題を確認してみると、保育のあり方自体が課題を増やしているケースに出会うことがあります。保育内容の見直しや保育のあり方を検討することは、どの子どもにとっても必要なことです。

戦後の保育史から質の変化を考える

6領域からみる保育内容

保育のあり方は、時代を超えていくつかの変化を遂げてきました。ここでは幼稚園教育要領の改訂の経緯と、社会経済的な変化などを交えて検討してみたいと思います。

1948（昭和23）年、幼児教育の手引きとして『保育要領』※14が発行されました。これは、戦後の復興のために必要な子育ての手引きとして出されたものです。保育要領では、楽しい幼児の経験として「見学、リズム、休息、自由遊び、音楽、お話、絵画、製作、自然観察、ごっこ遊び・劇遊び・人形芝居、健康保育、年中行事」があげられています。この12項目は、指導すべき内容というよりは、保育内容として重視している子どもの自由で自発的な活動です。戦後のアメリカの経験主義的な教育理論※15と倉橋惣三※16に代表される幼児中心、生活中心の流れを受けています。この発想は時代の違いこそあれ、現在の保育の方向性に近いものがあります。

戦後の高度経済成長を迎え、1956（昭和31）年、国の基準として幼稚園教育要領が刊行されました。ここでは保育内容を6領域※17として、領域ごとに「望ましい経験」を示しています。この領域は、小学校以上の教科とはその性格を大いに異するといった解説はありましたが、6領域を教科的なものとして解釈し、保育内容を系統的に配置するような指導計画を作成する方向につながった経緯があります。その後、稚園数の増加とともに、保育のあり方などの研修等がさかんに行われるようになりました。そこでは、子どもに何をどのように経験させることが必要か、小学校の教科につながる方法論などについて議論されてきた経緯があります。この時代では、集団で何かを経験させることに力点が置かれていたことがわかります。

幼児を集団で動かす時代へ

その後、1964（昭和39）年、幼稚園教育要領の二度目の改訂がありました。この改訂では、小学校の教科との関連の要因となる一見到達目標に見えるような、旧教育要領を訂正し、「幼児の生活経験に即し、その興味や欲求を活かして総合的な指導を行うようにすること。」と明記されました。第二次ベビーブーム※18を迎え、幼稚園数が爆発的に増加し、幼児を集団で動かす保育の方法が普及しました。

一方で、障碍のある子どもの保育では、1975（昭和50）年の「障害者の権利宣言」※19、1979（昭和54）年の養護学校の義務化※20、1981（昭和56）年の国際障害者年などの経緯を経て、障碍のある人へのノーマライゼーション※21の理念を実現するべく、社会的な変化の礎が少しずつ見えてきた状況があります。

1970年代から幼稚園や保育所に障碍のある子どもが入園することが少しずつ増加してきましたが、集団による一斉保育を主流とした保育のあり方には、なかなか参加が難しいといわれました。その結果、園内の支援体制※22を作ることが必然とされてきた経緯があり、保育のあり方自体を丁寧に見直す実践※23も研究の対象とされてきました。

子ども中心の保育へ

このような経緯から、1989(平成元)年、幼稚園教育要領が大幅に改訂されました。特に、小学校教科との違いを明確にすることも含め、6領域が5領域※24になり、幼稚園教育は環境を通して行うものであり、遊びを通しての総合的指導について明記され、教師主導ではなく、子ども中心の保育が強調されました。

しかし現場では、その趣旨が理解されなかった状況がありました。障碍のある子どもについては、幼稚園教育要領では、に留意することとして「心身に障害のある幼児の指導に当たっては、家庭及び専門機関との連携を図りながら、集団の中で生活することを通して全体的な発達を促すとともに、障害の種類、程度に応じて適切に配慮すること。※25」と記されています。

子ども中心の保育と障碍のある子どもの保育との混乱

2017（平成29）年に改訂された現行の幼稚園教育要領に至るまでの歴史的な変遷を垣間見てきましたが、幼児教育の普及とともに、障碍のある子どもや人の権利が明確にされたことによって、障碍のある子どもが幼稚園や保育所に入園することが一般化してきた経緯があります。

しかし、集団に対して一斉に指導する方法論や、大人数の子どもを上手に動かすような保育方法が普及し、定型発達の子どもに対する考え方や実践について研修会等で伝わり、普及してきた一方で、障碍のある子どもの入園に対する困惑や混乱、拒否が生まれてきたのも否定できません。

統合教育・保育についても、1970～80年代頃から一般化してきた傾向があります。分離していた障碍児と健常児を可能な限り一緒にするといった取り組みが重視され、障碍のある子どもが入園することに対して積極的な取り組みも見られるようになりました。一方で、障碍のある子どもが入園することに否定的な意見※26があったことも否めません。

現行の幼稚園教育要領等における障碍のある子どもの保育

3法令の特徴

歴史的経緯を概観してみると、障碍のある子どもに対する教育・保育の歴史は決して古いものではありません。障碍のある子どもが存在することを前提に保育を考えるよりも、まずは定型発達の子どもを中心に考え、教育課程や指導計画、カリキュラム等が考えられてきたのです。結果として、障碍のある子どもは別枠で見て、場合によっては統合し、場合によっては加配等に任せて集団の生活に入れ込むような保育が実践されてきた経緯があります。

1989年（平成元年）の改訂から、幼稚園教育要領は2回の改訂を経て、2017（平成29）年には、保育所保育指針、幼保連携型認定こども園教育・保育要領と合わせた3法令※27が全面的に改訂（改定）され施行されています。詳細は割愛しますが、特に共通して重視されていることとは以下の点です。

・3法令の共通点が明確に示された
・幼児期の終わりまでに育ってほしい姿が明確化された
・幼児の主体的で対話的、深い学びが重視された

特に障碍のある子どもの保育に関する記述は重視されており、幼稚園教育要領解説では、次のように明記されました。

「障害のある幼児などの指導に当たっては、集団の中で生活することを通して全体的な発達を促していくことに配慮し、特別支援学校などの助言又は援助を活用しつつ、個々の幼児の障害の状態などに応じた指導内容や指導方法の工夫を組織的かつ計画的に行うものとする。また、家庭、地域及び医療や福祉、保健等の業務を行う関係機関との連携を図り、長期的な視点で幼児への教育的支援を行うために、個別の教育支援計画を作成し活用することに努めるとともに、個々の幼児の実態を的確に把握し、個別の指導計画を作成し活用することに努めるものとする※28。」

特別支援教育※29の推進とともに、地域社会との連携、さらに縦割りを超えた連携を具現化する方向性についての取り組みが強調され、1人の障碍のある子どもを、乳幼児期から学童期、成人に至るまで、継続的な個別の教育支援計画などで支える必要性が明記されました。

少子化が進む一方で、障碍のある子どもの数は増加傾向にあります※30。また、障碍だけでなく、かかわりの難しいタイプの子どもも増加傾向にあります。保育士等キャリアアップ研修※31や幼稚園、保育所、認定こども園の団体等による研修のニーズが高まる一方、研修に参加する保育者の悩みはかなり深刻化していると感じます。

事例1 障碍児保育の研修会での語りから

私の園には、90名程度の園児の中に15名程度の発達障害の子どもがいます。3歳児20名の中には、3名の配慮を必要とする子どもがいます。うち2名は自閉スペクトラム症の診断を受けていて、1名はADHDではないかといわれています。

クラスの担任は2人ですが、話を聞く時間や給食の場面になると、保育者は手をつけられない状況になります。特にADHDの子どもは、着席は無理で、保育室にもいることができません。他の保育者に応援を求めたくても、人手不足で誰も応援には来てくれません。加配の保育者は他のクラスを担当していて来ることがありません。

そんな中で、園としてはインクルーシブ保育を実現することを強調し、障碍のある子どもの入園が増加する一方です。しかし現実的には、日々の時間を安全に過ごすこともままならず、私たちは疲弊する日々で、どうしていいかわかりません。

理想と現実のはざまで

この語りの保育者だけでなく、研修会に参加した多くの保育者が同様な状況を示しました。理念としてインクルーシブ保育を掲げていても、実践が追いついていない状況が手にとるようにわかります。事例の保育者は、園の設置者や園長、副園長、主任に相談してもこんな答えが返ってきます。「私は障碍については学んでこなかったから、研修に行って少し勉強してきてください」と言われたそうです。

最近は保育士や幼稚園教諭の養成課程では「障害児保育」が必修とされていますが、授業の内容は担当教員によってかなり異なります。「保育」という営みにおける障碍のある子どもの対応というよりは、障碍の専門家といわれる医師やソーシャルワーカーなどが講師の場合は、障碍種別についての解説などが主流になることは否めません。障碍の特性などについて学ぶことはとても大切ですが、保育の実践は障碍の知識だけでは解決することができない状況が起こります。養成校で学んだことと、実践の保育現場での課題が結びつかないことに加えて、他の職員からは「障碍の勉強はしてこなかった」と言われても、問題の糸口が見つけられません。

実践の中で障碍のある子どもやかかわりの難しい子どもの保育を考える

本書の重要な目的でもある、障碍のある子どもを含むインクルーシブな保育の実現が容易ではないことは、現場の保育者にとってはよくわかっていたことだと考えます。では、どのような仕組みで保育を考える必要があるのでしょうか。ここでは、保育の質に焦点を当てて検討してみたいと思います。

議論のきっかけとなった『幼児教育の経済学』

昨今、保育の質的向上についての議論が多くなり、非常に重視されるようになってきました。J.ヘックマンの『幼児教育の経済学※32』では、非認知能力※33の重要性が強調され、幼児教育・保育の無償化※34につながり、研究の結果として経済効果が揚げられています。これが質に対する大きな転換点となり、保育の質の向上に関する議論がさかんになりました。

また、OECD諸国を対象に出版された保育の報告書「Starting strong Ⅰ（2001）〜Ⅵ（2021）」においては、保育の質的向上の重要性を一貫して強調しています。特に本書のⅠの日本語版の序で、前OECD乳幼児期の政策調査責任者であったジョン・ベネット氏は次のように述べています[※35]。

- インクルーシブ教育については1948年に採択された世界人権宣言、および国連子どもの権利条約にも明記されている。直近の「国連障碍のある人の権利に関する条約」（2008年）でも、障碍をもつ子どもにとってインクルーシブ教育が最も優れた教育モデルであることが指摘されている。
- インクルーシブ教育は、すべての子どもに好ましい学習成果をもたらす。
- インクルーシブ教育は、社会にプラスの効果をもたらし、協働的な社会文化を育てる素地を作る。（筆者一部略）

このようにインクルーシブ教育の重要性はOECD諸国への提言として明確に示されており、その重要性をうかがうことができます。

質を見る多角的な視点
——ＯＥＣＤや日本人の行政の方向性

Starting strong Ⅱ※36では、保育の質の側面について次のように明記されています。

- 志向性の質
- 構造上の質
- 教育の概念と実践
- 相互作用あるいはプロセスの質
- 実施運営の質
- 子どもの成果の質あるいは成績の基準

さらにStarting strong Ⅳ※37では、質の側面を次の3点から明記しています。

- サービスの質
- スタッフの質
- 子どもの発達と成果

これらは、日本の保育の質を検討する際に重視されるべき内容であることがわかります。さらに、これらの視点を具体的な保育の実践から検討する必要があります。その際、定型発達の子どものみを対象とするのではなく、障碍のある子どもやかかわりの難しい子どものことを明確に位置づけ、インクルーシブな保育の視点を含んで検討する必要があります。

障碍のある幼児への指導

幼稚園教育要領解説※38では、障碍のある幼児への指導について次のように明記されています。

「我が国においては、「障害者の権利に関する条約」に掲げられている教育の理念の実現に向けて、障害のある子供の就学先決定の仕組みの改正なども踏まえ、各幼稚園では、障害のある幼児のみならず、教育上特別の支援を必要とする幼児が在籍している可能性があることを前提に、全ての教職員が特別支援教育の目的や意義について十分に理解することが不可欠である。

幼稚園は、適切な環境の下で幼児が教師や多くの幼児と集団で生活することを通して、幼児一人一人に応じた指導を行うことにより、将来にわたる生きる力の基礎を培う経験を積み重ねていく場である。友達をはじめ様々な人々との出会いを通して、家庭では味わうことのできない多様な体験をする場でもある。

これらを踏まえ、幼稚園において障害のある幼児などを指導する場合には、幼稚園教育の機能を十分生かして、幼稚園生活の場の特性と人間関係を大切にし、その幼児の障害の状態や特性および発達の程度等（以下、「障害の状態等」という。）に応じて、発達を全体的に促していくことが大切である。障害のある幼児などには、視覚障害、聴覚障害、知的障害、肢体不自由、病弱・身体虚弱、言語障害、情緒障害、自閉症、ＡＤＨＤ（注意欠陥多動性障害）などのほか、行動面などにおいて困難のある幼児で発達障害の可能性のある者も含まれている。このような障害の種類や程度を的確に把握した上で、障害のある幼児などの「困難さ」に対する「指導上の工夫の意図」を理解し、個に応じたさまざまな「手立て」を検討し、指導に当たっていく必要がある。※39」

この中には保育の質的な視点が多く含まれています。特に、幼稚園の機能を十分に活かすことについて、場面と関係が重視されているのです。この点がインクルーシブな視点です。それでは、具体的に園として実現するために、保育の質をどのように検討する必要があるのでしょうか。❤

障碍のある子どもの保育と質の関係

インクルーシブな視点で保育を見直す

筆者は自園の保育を、障碍のある子どもとともにあるインクルーシブな視点で見直してきました。保育の見直しは、言葉でいうのは簡単ですが、さまざまな困難にぶつかることがあります※40。しかし、時間はかかりますが、保育のあり方を一つずつ取り上げ、多角的に検討することで、障碍のある子どもにとっても定型発達の子どもにとっても質的向上につながるのです。

次に示すチェックリストは、筆者が研修の際に活用してきたものです。園の保育を見直すといっても、何から手をつければよいのかわからないといった声に応えるために作成し、実施してきたものです。

すべてを一度に見直すことはできません。このチェックリストを実施した上で、園としての強みや弱みを発見し、強みを活かして園の運営に携わることが大切です。これからの園のビジョンを職員間で共有しながら、一つずつ丁寧に実施することによって保育が変わると、子どもが変わる、あるいは子どもの見方を変えると職員の理解が変化する可能性があります。園全体で語り合う時間をもつことは難しいですが、一人ひとりの保育者が実施することで、話題を豊かにするだけでなく、園としての課題と方向性を検討することにつながれば、保育の質的向上につながると考えています。

実施方法

- 個人で実施する場合は、各自が各園の現状を自己判断します。
- ①から⑧、⑨その他の項目についてチェックをしますが、○△×などを活用して、現状を把握します。
- 各項目に対して、実施可能な順位をつけたり、課題を記述します。
- 最終的に個人の目標などを設定し、保育の実践で課題を具現化していきます。この実現によって、往還型の研修※41として活用することが可能となります。
- 園で集団やグループで実施する場合は、対話をしながら実情を確認します。語りながら前述の手順に従って目標を設定し、具現化していきます。
- ①~⑨の各項目の解説については、本書のために新たに記入しました。

「令和〇年度の成果と課題〜令和〇年の目標設定」

往還型研修　各自、各園で確認して実践の方向を探る

□にはチェック　今年度の目標や今後の課題を園内で共有して実施

①園の教育・保育目標の確認

□目標の妥当性
□教職員の共通理解
□保護者への周知
□実現までのプロセスの明確化
□地域への開示など

解説　園には教育・保育に対する目標があります。その目標が絵に描いた餅では意味がありません。入園を希望する保護者や地域社会に対して説明責任が生じることがあります。それだけ大切なものであることを全保育者が認識し、目標の実現を目指して日々の保育を実践することが求められているのです。この項目では、その妥当性と実効性などを確認し、必要があれば見直しを検討する必要があります。

②教育課程・全体的な計画の妥当性

□教育課程・全体的な計画の存在
□教育課程・全体的な計画の見直し
□預かり保育との関連
□カリキュラム・マネジメント（全体的な計画としての意識と機能）
□週案・日案の存在
□日誌の形式や内容の確認
□教育課程の開示
□園の目標、教育課程・全体的な計画、週案・日案の関連
□保育内容の見直しの検討

解説 教育課程・全体的な計画は園の根幹を成す部分として重視されなければなりません。これらは、園の教育・保育目標実現へのプロセスを示した重要なものです。まずは明文化されたものがあるかを確認し、その内容が現在の保育に活かされているか、もし問題がある場合は見直す必要があります。

特に、カリキュラム・マネジメントといわれるように、園全体としての計画を意識する必要があります。日々の保育を具体的に展開する際に必要な週案・日案の形式

などは園によって異なりますが、全体で共有しながら必要に応じて書式の見直しなども検討します。その際、業務負担の軽減も含めて考える必要があります。この点は、実際に記述している保育者の思いや意見を聞きながら調整することが大切です。

③行事のあり方

□年間を通じた見直しの方向性
□各行事の見直し
□子どもの負担感の確認
□保育者の負担感の確認
□保護者の期待感への説明や通知（事前の説明やお手紙など）
□行事に関する話し合いの実施

解説　行事は園にとって大切な要素です。しかし、その実施方法によっては子どもに過度な負担を与えてしまったり、保育者の負担が過度になる可能性があります。大切なのは、子どもにとっての行事の意味をしっかり確認することです。毎年決まってやっていることは、見直しの対象になりにくい側面があることも否めません。家族に見せることも大切ですが、日々の遊びの連続であったり、遊びの展開を保護者に見てもらうなど、行事を一つずつ見直していくことによって、日常の保育が変化する可能性があります。

④保護者への発信

□発信と記録のあり方
□頻度の確認
□業務負担の軽減との関係
□発信と保育の質の変化
□保護者に伝わっているか否かの確認
□掲示物や写真の活用
□ホームページの有効性
□双方向性の有無
□保育参観・保護者会・面談などが有効に働いているか

解説 保護者に園の保育内容を理解してもらうことは、保育の質の見える化として大切です。園で起きている出来事を保護者に理解してもらうことによって、家庭での話題が豊かになるだけでなく、遊びや活動の意味を知ってもらうことは園に対する信頼にもつながります。特に昨今はＩＣＴ※42の活用によって、情報の発信が容易になっています。保育者の業務負担の軽減を視野に入れつつ、効率よく発信することが必要です。

⑤遊びの質的向上

□遊びの環境の変化
□遊びの時間の変化
□遊びの価値の変化
□遊びの中で起こることの変化
□遊びに対する保育者の意識の変化
□遊びの中で起こる学びの見える化と意識
□子どもの育ちの変化

解説 園で遊びがどのような位置づけになっているかを確認することは、保育の見直しの根幹です。休憩時間的な遊びしかない場合は、1日の時間の流れなども見直す必要があります。また、一過的な遊びしか生まれていない場合も同様です。子どもの興味・関心は長く継続するものです。子どもが主体的に行動し「やりたい」

と思うことが実現できる時間と場所が保障されていることは、これからの保育ではとても重要です。遊びの位置づけを確認して、園の方向性を確認してみましょう。

⑥記録のあり方

□書式の確認や変更
□提出のための記録から子どもの遊びや学びの意味が見える記録へ
□負担感の軽減
□楽しく書くことができる工夫
□写真や動画の活用
□記録の共有
□記録の見える化

解説　記録のあり方は、保育の質的向上にとって欠かすことのできない要素です。一般的には、週案や日案の書式に合わせて振り返りや反省などを記述する形式が多いようです。しかし記録は本来、保育者のかかわりや環境構成などが子どもにとって適切であったか、また遊びのプロセスがどのように展開されたか、その中にどのような学びや意味があったかなど、深い読み取りの経緯を記述することに意味があります。特に、写真や動画の活用はとても重要です。見直しの方向性を確認した上で、ＩＣＴの環境などにも目を向けることが必要になります。

⑦保育者の働きやすさと同僚性

□働き方改革への取り組み
□労働時間の短縮
□楽しく働く工夫
□会議の工夫（語る・見える化など）
□同僚性を高める工夫
□業務軽減と保育内容のあり方

解説 働き方改革は重要な課題として考える必要があります。乳幼児教育・保育にかかわりたいと考えている人は、若干減少傾向にあります。求人を出しても学生が見学に来てくれないなどといった問題を深刻に抱えている園の悩みを多く聞きます。大切なのは、今働いている保育者が長く働き続けてくれるように働きやすい職場を作ることです。そのためには、時短などだけでなく、子どもとかかわる仕事に就いていることの喜びや楽しさがあることが大切です。

⑧園内研修　保育の質的向上

□園内研修実施の有無
□園内の対話と活性化
□ミドルリーダーの存在
□ファシリテーターの育成
□公開保育の実施
□外部研修の活用
□外部講師の活用

解説　保育の質的向上の手立てには、さまざまな方向性があります。特に保育所の場合は、園内研修の時間をとって全員で実施することが難しくなっています。しかし、キャリアアップ研修などに参加することで、個々の保育者の資質向上に努める園が多くなっています。どのような方法であっても、質的向上を目指していくことはこれからの園としてとても大切です。

⑨その他

□災害時の取り組み
□防犯対策
□幼保小接続
□苦情処理・対応
□障碍のある子どもへの対応
□専門機関との連携
□図書や教材の購入
□一斉活動の時の導入などの工夫と見直し
□クラス環境などの見直し（掲示や物の配置など）

解説 ①から⑧までの項目に入らない内容について整理しました。乳幼児の安全を確保することや地域との連携などはとても大切です。この他にも大切な要素はまだ多くありますが、この確認作業によって、園全体について考える機会を作ることで、園の質的向上に努めていきましょう。

園全体の目標

これらの確認作業によって、園の課題がかなり明確化すると思います。しかし、一度にすべてのことを実施するのは困難です。また、保護者への説明や保育者間の共有にも時間がかかります。確実に実施するためには、小さなステップを踏みつつ、変化していく実感を確認しながら進めることです。目標を共有した上で優先順位を決めて、何から実現するのかをしっかりと共有することから始めましょう。

実施した成果

成果は1日や1週間という短い単位で出ることもあれば、1年や2年かかる場合もあります。あせって解決するものではなく、丁寧に一つずつ着実に進めていくことが必要です。進捗状況を共有するために、成果を感じた時に記録して、職員間で共有しましょう。特に障碍のある子どもの育ちにつながるケースや、園内の連携の成果などは、そのこと自体に喜びが感じられることも多くあります。そのような実感を得ることで、仕事に対する意欲が沸いてくる場合もあります。

総合的な解説

障碍のある子どもの保育を充実させていくために必要な保育の質について検討しましたが、各園には独自の強みやよさがあります。すべてを見直すだけでなく、障碍のある子どもにとって負担感が大きかったり、保育者の負担感が大きいことが続けば、とてもネガティブな状況が続くことになります。その場合は、改善の方向を検討することが重要です。障碍のある子どもが園に存在することに負担を感じている場合は「保育が楽しくない」といった保育者の声も聞かれます。保育の質的向上を目指しながら、一人ひとりの子どもの理解に努め、日々の保育にやりがいを感じることが重要です。

保育の質的向上について総合的に検討する方向性が見えてきたところで、次に、園内の連携に関する課題を検討します。

園内での連携と保育の検討

園内の連携は難しい？

研修会等から聞かれる保育者からの意見で、園内の連携がとても難しいということがあります。

特に障碍のある子どもがクラスにいて対応が難しい場合、サポートを受けられればそれなりに安心感が生まれます。人的に逼迫している場合は、担任が1人で責任を負うことになる場合もあります。サポート体制を形成することは、園の責任でもあります。人材難になっている昨今、かなり厳しい状況も聞きますが、園長や副園長、主任などクラスをもたない人の存在が重要です。人的な配置が最低基準であっても、障碍のある子どもに対する加配などを活用して、可能な限り手厚く保育ができるように努力する必要があります。

そこで、園内連携の課題が生まれる背景をいくつか検討します。該当する場合は、何らかの解決策を考えなければ前に進むことができません。

- 園内での連携を実現したいが、担任と補助（加配）が話す時間を確保することが難しい。
- 補助（加配）は保育士資格や幼稚園教諭免許をもたないことが多く、保育の話ができない。
- 補助（加配）が数名いるが、時短勤務のため、時間が過ぎるとすぐに帰ってしまう。
- クラス意識が高いため、同じ学年でも話し合いができず、1人で一つのクラスを任されている感じが強い。
- 連携をしたくても、園舎の構造上難しい。

その他にも、園独自の課題として人間関係や雰囲気によって連携が難しい場合があると思います。難しいと感じている場合は、園として可能性を探ったり、具体的に取り組んでみて、少しでもよい方向に向かうように努力しなければ問題は解決しません。そこで、筆者の園で実施した例をいくつか紹介します。

連携のひと工夫

■連絡用ノートの作成⇓見える化

日々の日報のようなものになりますが、書くことと読むことの確認が難しい場合があります。特に、忙しい日々の出来事を短時間で記述するのは難しいものです。また、閉じてあるノートを開いて見るのは手間もかかります。そこで、ホワイトボードや壁に付箋や用紙を貼ることで、職員以外からも見えるようにします。個人情報に関する記載は難しくなりますが、書いて貼ることで、全員で共有することが可能になります。

個人カードの作成

障碍のある子どもやかかわりの難しい子どものカードを作成します。このカードは誰でも記述・閲覧が可能です。A君のカードには、1日の中で気になったことや遊びの様子、課題など、ほんの一言だけ記入します。記述したカードは個人の名前が書いてあるクリップに留めておき、担任や他の保育者が、空いている時間を使って確認します。大切なのは、書いてくれた保育者に対する「メモをありがとうございました」の一言です。短い時間でもコミュニケーションをとることで、双方が安心感を抱くことができます。

ICTの可能性

現在、ICTを活用した園内連携が可能になっています。LINEなどのアプリを使ったりすることで、全員での共有が可能となります。ただし、携帯電話などを使うため、保育中に携帯に触れることになります。この点に関してハードルが高い園もあり、時には保護者への説明も必要です。

パソコンを活用した情報の共有も可能ですが、パソコンを開いてソフトを使うまでに時間がかかる場合があります。この手間を省くために、アプなどを活用することが必要です。また、そのことによって保護者と情報共有することも可能になります。結果として業務負担の軽減の可能性もありますので、園としての工夫や取り組みが求められます。

どのような方法を採用するかは、園の環境によって異なります。しかし、パソコンなどのＩＣＴの機器をフルに活用できる環境を形成するなどの取り組みによって、少しでも保育者相互の不安の解消につながり、連携が可能になります。大切なことは、保育者間の対話です。対話ができない場合は、他の方法による連携で少しでも具体的に可能な手立てを検討することが必要です。

園の保育の質の検討から、障碍のある子どもを丁寧に受け入れる

ダイバーシティの意識

多様性の尊重やdiversity（ダイバーシティ※43）への対応など、日本の社会的な動向として、多様性を受け入れることの必要性が叫ばれるようになってきました。

しかし、日本の実情から考えると、地域によっては多様性を排除する意識や差別感が存在する場合もあるかもしれません。多様性を受け入れることは困難を伴いますが、一人ひとりが人として意識を変える努力が必要です。

インクルーシブな保育を実現するためには、保育者集団の意識が重要です。筆者が園長を務める幼稚園には、障碍のある子どもだけでなく、医療的なケア※44が必要な子どもや、配慮を

必要とする子どもが在籍しています。この園にかかわり始めたころを思い出すと、障碍のある子どもに対して、保育者が特別な扱いやかかわりをしていたと思います。特別な扱いやかかわりとは、「入園時点から、障碍のない子どもとは別の意識で受け入れをしていた」ということです。しかし数年後には、特別な人ではなく、共生社会の一員として「対等」な意識で受け入れることが可能となってきました。

この違いはどこから生まれるのでしょうか。「対等」とは、相手を一人の人として尊重した上で、ともに生活や遊びをする仲間としてかかわることです。障碍のある子どもと特別な人として見てしまうと意識の根底に、見せかけのやさしさや思いやりをもつことを強要する感覚が生まれます。

仲間として生活する姿を目指す

「対等」な関係では、時に冷たく見えるような場面にも出会います。数年前、在籍していたダウン症の子どもが一生懸命靴を履こうとしている時、同じクラスの子どもが「どうして自分で履けないんだよ」と言いました。厳しい言葉だなと感じていたのですが、靴を履く姿をじっと見つめ、その数分後、そのことを言った子どもはダウン症の子どもががんばって自分で履いた姿を見て、「自分で履けるんだね」と言って、一緒に園庭に向かって歩き、遊び始めました。仲間として対等にかかわる姿ではないかと改めて感じる出来事でした。

「対等」とは、相手の状況を理解し、いつ、どこで、どのように対応することが大切かを瞬時に判断して行動することです。助けてあげるという意識ではなく、仲間として生活する姿です。日常の小さな積み重ねの中で、障碍の有無にかかわらず共に過ごすことができる子ども本来の力には、すごいものがあります。対等な意識と理解が可能となる園には、インクルーシブな保育を実現する素地があるのではないでしょうか。

「かかわってあげる」「配慮してあげる」といった少し上からの目線で子どもを見てしまうと、世話をすることが思いやりという解釈につながる可能性があります。私たち大人も、対等な意識で人を見ること。このような意識が、インクルーシブな共生社会の実現につながるのではないでしょうか。

注

12 環境に対して主体的・効果的にかかわる能力。発達する個体は環境に対して能動的に働きかけるなかで、望んだ効果が得られるようになっていく。この能力をコンピテンスとよぶ。渡部信一編、佐伯胖監修『学びの認知科学事典』大修館書店、２０１０年

13 Big Fiveと呼ばれる分類（開放性、勤勉性、外向性、協調性、否定的感情 対 情緒的安定）を示した上で、独自の視点として「目標の達成：忍耐力、自己制御、目標への熱意」「他者との協力：社交性、敬意、思いやり」「情動の制御・管理：自尊心、楽観性、自信」から捉える（ＯＥＣＤ、２０１５）経済協力開発機構（ＯＥＣＤ）著、無藤隆・秋田喜代美監修、ベネッセ教育総合研究所編、荒牧美佐子訳他『社会情動的スキル――学びに向かう力』明石書店、２０１８年

14 第２次大戦後幼稚園は学校教育法によって位置づけられ、指導を行う者も〈教諭〉として規定された。それにもとづいて１９４８（昭和23）年に作成された〈保育要領〉では保育内容は、見学、リズム、休息、自由遊び、音楽、お話、絵画、

製作、自然観察、ごっこ遊び、劇遊び、人形芝居、健康保育、年中行事とされ、子どもの興味・自発性が尊重された。

15 知識主義、教科書中心主義に対し、学習者の経験こそ教育の本質的要因であるとする説。W.ジェームズの経験主義からJ.デューイが継承、発展させて完成。

16 1882（明治15）年12月28日生まれ、昭和30年4月21日没。お茶の水女子大学名誉教授。大正から昭和にかけて活躍した日本の児童心理学者。ドイツの教育学者で幼児教育の祖であるフレーベルの思想に影響を受け、日本の堅苦しかった保育や幼児教育を改革していった、「日本のフレーベル」とも言える存在として知られている。日本の幼児教育の先駆けとなった東京女子高等師範学校附属幼稚園（現・お茶の水女子大学附属幼稚園）で主事を勤める。

17 1989（平成元）年までは、保育内容は「健康」「社会」「自然」「言語」「音楽リズム」「絵画制作」の6領域であった。

18 我が国の年間の出生数は、第1次ベビーブーム1期には約270万人、第2次ベビーブーム期には200万人であったが、1975（昭和50）年に200万人を割り込み、それ以降、毎年減少し続けた。1984（昭和59）年には150万人を割り込み、1991（平成3）年以降は増加と減少を繰り返しながら、緩やかな減少傾向となっている。

19 1975年12月9日 国連総会採択 社会進歩と発展に関する宣言が身体的、精神的に不利な立場にある者の諸権利を保護し、その福祉とリハビリテーションを確保する必要性を宣言したことを強調し、身体的・精神的障害を予防し、障害者が最大限に多様な活動分野において、その諸能力を発達させることを援助し、できる限り通常の生活への彼らの統合を促進する必要性に留意する（一部抜粋）

20 中央教育審議会答申が「これまで延期されてきた養護学校における義務教育を実施に移す」ことを提言したのを受けて、文部省では47年度を初年度とする特殊教育拡充計画を策定した。特に養護学校については養護学校整備7年計画を立て、最終年度の53年度までに、全対象学齢児童生徒を就学させるのに必要な養護学校の整備を図ることとした。

21 ノーマライゼーションとは1959年、デンマークのバンク・ミケルソン氏によって、障碍のある人に障碍のない人と同じ生活条件を作り出すことの重要性から提唱され、障碍のある人が地域社会の中で当たり前に生活する共生社会の原点ともいえる考え方を示す。

22 幼稚園の設置基準第3条によれば、1学級の幼児数は、35人以下を原則とする。となっている。しかし、現実的に障碍のある子どもがクラスに存在している場合は、その人数を1人の担任で見ることは、物理的・精神的に困難である。そのような状況を回避し、個々の子どもの要求や内面を捉えるためには、加配やフリーの保育者の存在が必要となる。そのためには園内の支援体制を形成することが必要となる。

23 田中 謙、2013「日本における障害児保育に関する歴史的研究」保育学研究51巻3号307-317頁

24 平成元年に改訂された幼稚園教育要領より、6領域が5領域に変更された。幼稚園修了までに育つことが期待される生きる力の基礎となる心情、意欲、態度などであり、内容は、ねらいを達成するために指導する事項である。これらを幼児の発達の側面から、心身の健康に関する領域「健康」、人とのかかわりに関する領域「人間関係」、身近な環境とのかかわりに関する領域「環境」、言葉の獲得に関する領域「言葉」及び感性と表現に関する領域「表現」としてまとめ、示したものである。

25 文部科学省「幼稚園教育要領解説」２０１８年
26 公益社団法人横浜市幼稚園協会特別研究委員会等の研修会
27 幼稚園教育要領、保育所保育指針、幼保連携型認定こども園教育・保育要領
28 文部科学省「幼稚園教育要領解説」２０１８年
29 「特殊教育」は、障害の種類や程度等に応じて、手厚く、きめ細かな教育を行い社会自立・参加を実現していくため、「盲・聾・養護学校」や「特殊学級」等の特別な場で行われてきた。その「特殊教育」は、子どもたちを取り巻く情勢の変化に対応するため、「特別支援教育」として、対象や理念が変わり、平成19年4月1日文部科学省からの「特別支援教育の推進について（通知）」が出された。
30 文部科学省　特別支援教育資料（令和2年度）
31 平成29年4月に、厚生労働省よりキャリアアップ研修の実施についての通知があり、保育士等の資質向上のため研修の必要性が明確に打ち出され、研修が行われるようになった。
32 ジェームズ・J・ヘックマン『幼児教育の経済学』東洋経済新報社、２０１５年
33 ヘックマンらの研究によれば、社会的な成功に与えるのは、認知能力だけでなく、非認知能力も同程度重要だとし、大人になってからの健康度や経済力に相関があると言われ、就学前教育において重要な概念だとされた。
34 幼児教育保育の無償化は２０１９年10月1日から実施された。詳細は内閣府のホームページを参照
35 ＯＥＣＤ編著『ＯＥＣＤ保育白書』4頁、明石書店、２０１１年
36 ＯＥＣＤ編著『ＯＥＣＤ保育の質向上白書』明石書店、２０１９年
37 淀川裕美「保育の質に関する国際的動向と我が国の課題 ｖｏｌ・1保育の「量」から「質」へ、「構造の質」から「過程の質」へ―ＯＥＣＤの議論を中心に」生活経済政策２３５号、２０１６年
38 文部科学省幼稚園教育要領解説、２０１８年
39 文部科学省幼稚園教育要領解説、２０１８年
40 田澤里喜・若月芳浩編著『保育の変革期を乗り切る園長の仕事術』２０１８年、『採用と育成の好循環を生み出す園長の仕事術』中央法規出版、２０２０年
41 往還型研修とは、研修を受けて終わりではなく、その成果を保育の実践で活用することで、子どもの理解や保育のあり方を更新させ研修の成果を実現する方法である。キャリアアップ研修等でも、数回の研修の間を意図的に空けることによって、その成果を共有し、保育者間で学び合うスタイル。
42 「Information and Communication Technology」、〝情報通信技術〟のことである。新たな技術や情報共有のために、保育現場においても活用されることが多くなった。
43 多様性を受け入れる共生社会を形成する時に、diversity（多様性）は1つのキーワードとなる。
44 医療的ケア児とは、医学の進歩を背景として、ＮＩＣＵ等に長期入院した後、引き続き人工呼吸器や胃ろう等を使用し、たんの吸引や経管栄養などの医療的ケアが日常的に必要な児童のこと。

第3章

保育実践からみる保育の質的向上

——入園前に配慮すること

構造の質からの検討

最低基準を超えた配慮を

障碍のある子どもを園として受け入れ、育ちを丁寧かつ大切に育てるためには、配慮すべき事柄が数多くあります。本章では、園としてどのような体制や保育のあり方、考え方に立脚する必要があるかについて、「保育の質」と関連づけて検討します。

障碍のある子どもが入園し、その子どもの保育を実践していくためには、園内の支援体制が重要です。幼稚園・保育所・認定こども園では、人員に対する最低基準を設けています。最低基準を遵守するのは当然ですが、障碍のある子どもの保育を丁寧に考えるためには、次のような配慮が必要です。配慮がなく、入園してから困難さが露呈し、結果的に障碍のある子どもを責めることがあってはなりません。

入園前に配慮すること――幼稚園の場合

幼稚園の入園の可否は、園独自の考えや基準によって決定するのが一般的です。その場合、園によっては保護者との面接や入園のための試験などを実施することがあります。しかし、昨今の状況を垣間見ると、入園前のプレ幼稚園の段階で入園を拒否されるケースに出会います。その理由は「障碍の認定がある」「着席ができない」「おむつがとれていない」などさまざまです。

このような対応を受けた保護者は、どのような気持ちになるのでしょうか。私学の場合は園長の判断によって入園の可否を決めることができますが、ある一部の状況だけで判断して入園を拒否するのは、社会的に大きな問題です。拒否された保護者は痛手を受けるだけでなく、心の痛手が癒えないまま不安な気持ちで別の園を探すことになります。考えてみれば、そのような園に入園するよりも、むしろ避けておいたほうがよいのかもしれません。共生社会にはほど遠い現実があることに憤りを感じてしまうのは筆者だけでしょうか。

ここでいう入園前の配慮とは、どのような基準で受け入れることが可能かをしっかりと検討することです。入園後に「手に負えない」という理由で退園を迫ることがあってはなりません。入園の希望があった時に、今までの生育歴※45の確認、専門機関との連携、家庭での生活の課題など、園としてどの程度の合理的配慮※46が必要かなど、入園後の姿をある程度イメージした上で考える必要があります。そのようなことが面倒だから、という理由があるかのもしれませんが、1人の大切な園児を育てるためには最低限必要なことです。

保育の中で必要な合理的配慮
——画一的な園文化から一歩踏み出す

障害者差別解消法のインパクト

２０１６（平成28）年に施行された障害者差別解消法は、保育の世界に変革をもたらす可能性があります。その理由は前述したように、障碍があるから受け入れられないといった単純な園長の思いだけで、決められなくなるからです。インクルーシブ教育・保育の理念やその考え方、さらに具体的な保育の実践・普及はいまだ進んでいるとは思えない状況があります。しかし、この法律が施行されたことが、新たな視点から保育のあり方を検討するきっかけになるのではないでしょうか。

この新たな視点とは、どのような考えに基づくことが必要なのでしょうか。差別の解消のためには、個々の幼児の理解や保護者への対応など、慎重かつ丁寧なかかわりが必要です。園の保育の質的向上を具体的に考えた場合も、同様の課題が生まれます。保育の中で合理的配慮を考えるためには、保育の質的向上に向けた保育の見直しが必要です。

目の前の子どものために保育を考えて見直す

合理的配慮(reasonableaccommodation)とは、障碍者から何らかの助けを求める意思の表明があった場合、負担になりすぎない範囲で、社会的障壁を取り除くために必要な便宜を指します。この文言を保育に当てはめて考えると、まずはさまざまなタイプの子どもの入園を前向きに考えることから出発しなければなりません。障碍があることで入園を断ったり、難しさや発達の偏りに対して偏見をもつことを排除しなければならないのです。

さらに保育の質的向上を考えると、個々の子どもがもつさまざまな要求や要望を理解し、それらに対して自己実現が可能となる環境整備や対応が求められます。このような保育を実現するためには、画一的な保育の考え方から脱却し、今までの保育のあり方から一歩踏み出す必要があります。そのことが保育の質的向上につながるのです。

筆者自身の経験から、伝統を重んじる園には難しい側面があるのは痛感しています。例えば、保育のあり方が画一的かつ経験・活動主義的になっている場合、「何かを達成させること」「できるようになること」ありきの保育が伝統となっている園では、その文化から脱皮しなければならないのです。簡単なようですが、保育実践の見直しには困難を伴います。まずは目の前に存在する個々の子どものために保育を考えて見直すこと。このことが子どもの育ちや発達に有益な影響を与え、保育の質的向上につながると考えています。

担当保育者の負担感を考える

受け入れに際し、担任を誰にするか、クラスの子どもはどのように分けるかなど、4月の入園を迎えるまでに保育者の精神的および環境の準備をしなければなりません。

担任の発表に際し、自分のクラスに障碍のある子どもがいると、担任がどのような気持ちになるかを考える必要があります。園の差こそあれ、負担を感じると思います。人的な配置も重要です。加配の保育者がいる場合もあれば、担任一人でみなければならない状況もあります。受け入れ体制を整えるのは園長の役割であり、障碍のある子どもが複数入園してきても対応できる人的な整備や保育のあり方を検討する必要があるのです。担任の負担感を少しでも軽減させることが可能となる経験のある保育者がいると、合理的配慮も可能となります。

筆者が担当する研修会等でも、参加者からさまざまな意見が出されます。多くの園の保育者が、人手不足を話題にすることがあります。人が多くいることで保育が成立するわけではありませんが、保育の質を担保するためには、ある程度人的な確保が必要です。大切なのは、担任の負担感をいかに軽減するかを丁寧に考えることです。

園によっては、加配やフリーの保育者がいない中で、クラスに数名の発達障碍の子どもが存在している状況も見聞きします。手がかけられない、かかわりたくてもかかわることが難しい、障碍のある子どもにかかわっていると、他の子どもとかかわることができないという声も聞きます。

クラスの人数にもよりますが、30人近い中に障碍のある子どもが数名存在する場合は、1人担任では難しい面が多くります。かといって、補助や加配、フリー保育者が何人もいると、担任は別の意味で負担感が増大する可能性があります。どの程度の障碍のある子どもに対してどの程度の人的な配置がふさわしいかという法則はありませんが、しっかりと体制をつくらないと、子どもの命にかかわる問題が発生する可能性もあります。この点については、各園がしっかりと検討する必要があります。

検討のポイント

- 担任の負担感を精神的にカバーするために、園長・副園長・主任などが日々保育の話をすることが可能な連携の体制を醸成する
- 担任任せにすることは危険

- 時短の保育者であっても、担任との連携が可能になるような配慮が必要
- 幼稚園教諭・保育士資格等がなくても加配は可能であるが、保育に対する高い意識をもつ人が必要（難しいが）
- クラスに1人配置するか、学年に1人配置するか、園として配置するかなど、全体的に人的な構造から検討する必要がある
- 新任が配置される場合は、事前研修等で、保育の方向性・配慮の方向性などを園で考える時間をもつことが大切 ❤

4月・5月の子どもの姿から、保育を見直す視点を探る

子どもの表現を尊重する

保育の見直しを考える視点として重要なのは、子どもたち一人ひとりの要求に応えることが出発点だということです。障碍の有無にかかわらず、誰もが自身の要求をもっています。入園後の時間は、保育者や子ども、さらには保護者にとっても緊張感の高い日々の連続です。子どもが自分の思いを素直に表現できる環境が整っていれば、子どもは泣いたり拒否することが可能です。逆に、親の期待や保育者の思いを汲み取って「良い子」でいることに必死な子どももいます。障碍のある子どもは、入園当初は保育室にいること自体が難しかったり、集団生活の中で特異な行動が目立つ場合があります。このような時がかかわりの始まりであり、保育を見直す視点を検討する時なのです。

子どもは新たな環境に入り、自分なりの生活のリズムを形成するまでに時間がかかるものです。4月は緊張していた子どもが5月の連休明けに泣き出すなど、次第に不安が強くなる

場合もあります。不適応な状態があったり、自分自身を表現してくれることは、園生活で重要な時期として考える必要があります。適応することに必死になり、自分自身を押し殺しているる子どもが多いのもこの時期です。個々の子どものもつ要求を理解するためには、まずは子どもが自分自身を表現することを尊重し、大人が個々の子どもの内面を読み取る努力をしなければなりません。保育のあり方や計画、週案などの予定がいっぱいで、やらせなければならないことが多くなれば、個々の要求を見極めることが難しくなります。保育者の要求を出せば出すほど、子どもの要求が見えなくなるのです。

このような状態は、合理的配慮どころか、どの子どもにとってもつらい状況を招く可能性があります。保育の見直しの出発は、1日のスケジュールや活動内容の軽減、保育者の過度な負担を減らすことがポイントです。しなければならないことから、楽しむことができる日常のゆとりへと意識転換することが必要です。個々の子どもは保育者のゆとりある姿に安心感を感じ取り、自分の本来の姿を出します。枠にはめることに終始する保育のあり方では、個々の子どもの要求を理解することが難しいだけでなく、保育の枠の中に入れ込むことや、一斉の活動に上手に参加させるテクニックのみが優先される可能性があるのです。

子どもとの対話や日々のかかわりは、保育者に気づきを与える

保育者との関係、ものや人とのつながりを大切にした保育を実現するためには、子どもが安心して自身を発揮できる保育への転換が出発点となります。4月・5月はそのスタートの時です。保育の見直しの視点をもちながら、日々の保育の展開を考えることが求められます。

子どもとの対話や日々のかかわりは、保育者に気づきを与えてくれます。しかし、保育者の思いが強く、こうなってほしい、こうしてほしい、これは困るといったかかわりが多くなると、子どもを否定的にみる可能性が出てきます。特に4月・5月は子どもがまだよく理解できていないことから、問題ばかりがクローズアップされかねません。すると、保育がうまく展開できない状況が課題となり、日々の保育がつらくなることも起こります。❤

子どもの好きなことを一緒に探すことは、保育者と子どもの喜び

障碍のある子どもの特徴が少しずつみえてくる

4月の混乱期を経て、5月は子どもが安定する姿や時間が増加し、保育者にも少しずつゆとりが生まれる場面が多くなります。しかし、保育の本当の大切さはここからです。障碍のある子どもの特徴が少しずつみえてくるのもこの時期からです。また、不適応な場面が多くなるのもこの頃です。

保育者は子どもとの信頼関係を形成するために必死になり、クラスにいることを強く求めたり、活動への参加を促すことも多くなると思います。しかし、あせりは禁物です。子どもとの信頼や関係性の形成は、子どもの内面をしっかりと理解することが重要です。表面的には子どもとの信頼が形成されますが、深い信頼関係には至りません。特に障碍のある子どもと

の信頼関係の形成は容易ではありません。補助や加配の保育者がかかわることで安心感が生まれる一方で、担任との信頼関係に不安を感じることがあるかもしれません。

子どもの「今」を理解する

子どもとの信頼関係の形成には、子どもの「今」を理解することです。しかし「今」を理解することは難しいです。大人には大人の都合があり、園の都合や予定があります。しかし、子どもに大人の都合は関係ありません。子どもの視点に立つことや内面を理解することの重要性は、頭でわかっていても、大人にも都合があります。ここが保育の葛藤です。

そこで大切なのは、子どもが園の環境を自ら構造化するプロセス※47です。進学や引っ越し、転勤など、大人が環境を変える時を考えてください。新しい場所に慣れる、生活の場を整えるのは時間がかかります。大人は自らの場を使いやすいように環境を整え、自分の思いどおりに環境を構造化し、構造化が叶うと安心感が生まれ、生活に新たなルーティーンが形成されます。

子どもも全く同じことをしているのです。園の環境を使いやすくするのは、保育者の都合が大半を占めています。子どものための環境と思っていても、子どもの生活環境になるまでには時間を要します。特に発達障碍の子どもにとっては至難の業です。保育者が意図的に作った、構造化されたようにみえる環境に追い込むことは、合理的配慮とは異なるのではないでしょうか。

環境の構造化

子ども自らが環境を構造化して生活しやすくするプロセスを大切に読み取ることで、子どもの内面との深いかかわりや関係形成の素地ができあがります。そのためには、子どもの興味・関心、好きなことを一緒に探すことも必要です。この関係形成が合理的配慮の出発になることを意識してかかわる時間をもつと、少しずつ成果がみえてきます。

保育では構造化という言葉を使うことは少ないですが、療育機関の指導方法（TEACCHプログラム※48など）において、環境の構造化の重要性が指摘されています。特に障碍のある子どもが、見通しがもてない状況で混乱がみられる場合は、スケジュールを立てて見通しをもたせたり、視覚的な構造化によって理解を促す指導が実施されることがあります。しかし、園の環境は整理されていない状況が多く、刺激も過多になります。

そんな中で、時間はかかりますが、子どもの好きな場所や環境がみえた時には、子ども自身が自分の居場所を形成する場面に出会います。好きな絵本やブロックなど、自分が安心できる場を自ら形成する場面です。そのような環境が整うと、見通しが立たない状況や不安があった時に、その場所に行くことで安心したり、心が落ち着くことがあります。そのような場の形成を保育者が意識し、子どもとともに形成することで、安定した園生活を過ごせる可能性が生まれます。保育者が環境を作って子どもを追い込むと、他の子どもとの関係を絶ってしまう分離保育※49になる可能性があります。これではインクルーシブな教育・保育とはいえません。その原点となるのが子どもの深い理解です。

子どもを深く理解する手立て

「深く理解する」とは？

幼児を理解することの大切さは多くの保育者が理解していると思います。個々の子どもを理解するための手立てには、いくつかの考え方があります。子どもの姿を少し引いた視点からみることで客観的に観察するとらえ方。また、保育者自身が過去に出会ってきた子どもの姿から、目の前の子どもの姿を対比して理解することも1つの方法です。

客観的に子どもをみることにはいくつかの注意が必要です。客観的にみる立場が子どもの理解につながることは否定できませんが、みられている子どもの立場から考えてみたいと思います。障碍のある子どもにとって、周囲の大人が自分をどのような意識でみているのかと、逆に周囲の大人をみている場合があります。

保育室から飛び出した子どもを追う保育者をよく見かけますが、子どもは笑顔を浮かべながら、保育者の姿を見ている場合があります。追われることを楽しんでいるようです。すると、追う保育者にはイライラが募ることになります。

客観的には問題行動、不適応状況、困った子ども、厄介というレッテルが貼られ、行動の変容が求められる結果となります。なぜ保育室にいることができないのか、何に嫌な思いを感じているのか、なぜ逃げる時に保育者をみて喜んでいるのか、外に行った結果として何に興味をもつのか。大人からみれば負の行為に対しても、子どもは自分とかかわりをもってくれることに喜びを感じることがあります。

先入観で子どもをみる危険

幼児の理解の出発点は「かかわり」です。保育者が客観的に子どもをみる目は、時に冷静でありながら、子どもには冷酷と感じることもあるのではないでしょうか。追いかける時に子どもが笑顔になるのは、関係の形成を求めている姿としても理解できます。

過去に出会った経験から子どもを理解する目には、過去の経験に委ねることによって、先入観で子どもをみる可能性が高いです。目の前にいる子どもに尊厳をもち、子どもの将来のために必要な援助や支援、環境構成やかかわりを深く考えるためには、かかわりながらの理解が最も重要ではないでしょうか。このことを意識してかかわると、深い理解につながることが多くなります。

入園前の準備や心構えから、保育か進む過程を考えることで、障碍のある子どもの保育の質的向上を検討してきました。次に、保育者が安心できる保育の方向性を改めて検討したいと思います。

保育者の安心感が生まれる背景と保育の質

園内連携の重要性

保育の質的向上と障碍のある子どもの保育には重要な鍵があります。特に大切なのは、保育者の心情です。保育者が安定した気持ちでかかわれるかどうかは、目にみえない保育者の思いが大きく左右します。

保育者の気持ちを不安定にする要因として挙げられるのは、先の見通しを立てられない状況が続くことです。障碍のある子どもがクラスにいることで、目の前にいる子どもがどのような動きをするか、予測に反する場面が多くなります。特に4月・5月は不安定な要素が多いです。保育室から出て行ったり、活動を妨害するなど、不安材料か常に目の前にあるのです。その状況を少しでも回避するためには、園内連携を大切にすることです。

園の体制によって異なりますが、担任保育者以外に子どもとかかわる人が確保できない場合があります。その時は、園の責任者である園長や副園長が時々様子を見ながら、保育室から子どもが出て行った時も、見てくれているだけで担任に安心感が生まれます。出て行くことに対して、保育のやり方が好ましくないなど担任を責めることがあれば、担任の不安を増加させてしまいます。

また、保育室から出て行くことがなくても、1日の中で、活動への参加が難しい場面が起こります。大切なのは、対象の子どもが安心して部屋にいられる環境構成、安心感の醸成です。そのためには多くの人の知恵や意見が必要です。担任が一人でみるのではなく、保育者が力を合わせてみるという気持ちと実践が求められます。そのような状況を形成するのは、担任だけの力では困難です。主任や副園長、園長などが対話を醸成し、園内連携の大切さを具体的に語ることが求められるのです。

子ども理解はかかわりの質につながる

このような意識をもつことで、担任の負担の軽減につながります。また、見通しや連携だけでなく、具体的なかかわりのあり方に不安を抱くこともあります。言葉の理解が難しい子どもに対する言葉かけやかかわりの難しさに悩むこともあります。その時は、何が正解かを求めることだけでなく、どのような手立てが有効であるか、多様な意見を交わすことも必要です。言葉の理解が難しく、切り替えがなかなかできない子どもに対して、絵カードや写真などを活用することが有効な場合もあります。

何に興味をもつのか、何が好きなのかが理解できると、かかわりの質が変化する可能性があります。大切なのは、かかわった保育者に子どもが興味・関心をもつことです。クラスにいられることや活動に参加させることを優先させると、保育者に対して否定的な感情をもつ可能性があります。

保育には終わりがない

障碍の程度や特性によっては、4月・5月は素直に行動していた子どもが、6月頃から本領を発揮することもあります。これはマイナスの要素ではなく、その子らしさが明確に生まれてきたと考え、プラスにとらえる必要があります。

障碍の有無にかかわらず、子どもが本来の姿を表すことは、保育の出発としてとても大切です。逆に、自分を出すことができない子どももいます。何に対しても問題なく行動している目立たない子どもが、保育者との関係の形成ができていない状況が続くこともあります。保育者はどの子どもに対しても、個々のもつ特性を理解する目をもち、記録し、個々の子どもの次の方向性を常に検討することが求められるのです。特に昨今は、写真や動画を活用した記録も重要です。さまざまな角度から子どもの今を理解し、かかわりを検討し、課題が生まれた場合には、その理由や対応などについて多角的に検討することを繰り返していくことが必要です。保育には終わりがなく、常に前に進んで行くことができる園づくりを心がける必要があります。

注

45 生まれてから子どもがどのような環境で育ち、どのような育ちの歴史があるか、その他病気などの細かい記録のこと。

46 「合理的配慮」とは、障碍者が他の者との平等を基礎として全ての人権及び基本的自由を享有し、または行使することを確保するための必要かつ適当な変更及び調整であって、特定の場合において必要とされるものであり、かつ、均衡を失した又は過度の負担を課さないものをいう。

47 子どもの日常生活の場を自ら構成するような場面。構造化するとは、自分らしい場を構造的に生成すること。

48 「ＴＥＡＣＣＨプログラム」は、米ノースカロライナ州で１９７２年以来行われているＡＳＤ（自閉症スペクトラム障害）の当事者とその家族を対象とした生涯支援プログラム。「Treatment and Education of Autistic and related Communication-handicapped Children」（自閉症及び、それに準ずるコミュニケーション課題を抱える子ども向けのケアと教育）。

49 加配の保育者が障碍のある子どもと密着しすぎることによって、周囲の子どもとの関係が形成されなくなってしまうような状況。

第4章

専門機関との関係と保育

入園前に求められるかかわり

保護者の心情に配慮した対応を心がける

障碍のある子どもの対応については、専門機関との関係が重要です。日本における集団健康診査は、1歳6か月と3歳の時に実施されます。また、保護者が子どもの発達に障碍の疑いをもつ場合は、役所での相談や保健師との面談などによって、専門機関に足を運び診察を受けることもあります。

どの家族にとっても、子どもに対する心配は尽きることがなく、保護者の受け止め方によって、その経緯はかなり異なります。3歳児健康診査の時に言葉の遅れについて指摘を受けて、専門機関にかかわるケースが多くなっています。その場合、園に入園するか、専門機関だけに通うかなど、保護者にとって迷う状況が発生します。

入園を希望する保護者とは、入園前に面談を実施します。その際、障碍があることを園に伝える保護者もいれば、できるだけ実態を伝えずに入園を希望する場合もあります。筆者の園では、入園前の見学や園児募集の際に、子どもの姿をできるだけ確認し、心配がある場合は園に相談をするように伝えています。それは入園の可否を決めるのではなく、どのような状況で入園まで過ごしてきたのか、診断がある場合は診断までの経緯や専門機関とのかかわり方について確認しています。

また、特に専門機関にかかわっていない場合もあります。園の立場で安易に専門機関をすすめたり、障碍を疑う言葉をかけることはあってはなりません。入園前にそのようなことを伝えることは、人権の問題になったり、保護者に過度な負担感や不安を与える可能性があります。

保護者から専門機関の紹介などの必要性を自ら伝えてきた場合は、地域でかかわっている専門機関を紹介する程度にとどめておく必要があります。園を取り巻く専門機関の特徴と連絡方法を確認し、対応の準備をしておきましょう。

園と専門機関の立場や目的の相違を理解する

実際に入園が決まった後は、園と専門機関がしっかりと連携できることが大切です。しかし昨今は、専門機関にかかわる子どもが増加傾向にあるため、連携が難しくなっていることも否めません。大切なのは、園と専門機関の立場や目的が異なることをお互いに認識することです。

保護者は両者の意見を重視することになりますが、迷わせることが多いと、安心して子育てができません。保護者と対話をする中で、保護者がどのような気持ちでいるか、可能であれば専門機関の担当者と話をするなど、情報交換をしておくことが必要です。❤

保護者との連携・対応の質

診断が先か、保育が先か

子どもを深く理解することの重要性、さらには個々の内面理解の手立て、具体的な合理的配慮の質など、多くの課題が少しずつ明らかになる6月頃は、保護者との関係に関する課題が表出します。

障碍のある子どもの育ちがよい方向に向かうためには、家庭との連携を欠くことができません。しかし、障碍があるか微妙なグレーゾーンやボーダーラインの場合、対応や関係の難しさがあります。入園前にすでに専門機関や医療機関で診断を受けている場合は、保護者は子どもの課題を理解して、専門機関にかかわっていることで安心感を抱いています。保護者の思いと園の考え方の合意形成ができているケースです。一方で、専門機関にかかわっていても診断が出ていない場合があります。また、乳幼児期の診断の受け止め方については、相違があります。

障碍のある子どもの保育を考える時には、こうした診断の有無が問題にされがちで、保護者が障碍を認めるかどうかが研修会などでも話題になります。しかし、診断によって保育に変化が起こるわけではありません。障碍の種別によっては診断が重要なこともありますが、まずは診断がありきで、診断によって保育のあり方を考えるのは間違いです。まずは目の前の子どもの姿を理解し、その子どもを知ることが出発点です。診断を受けるために保護者を説得したり、専門機関にかかわってもらうためだけに子どものマイナス面を保護者に伝えることがあると、保護者との関係が悪化し、子どもの育ちにマイナスの影響が出ることもあるでしょう。

診断→保護者の障碍認知→保育の営みという流れで保育が進む場合もあれば、保育の営み→保護者との信頼→見通しをともに考える協同的な姿勢からの出発を目指す場合もあります。人間の成長を長い目で見ることで、子どもの育ちと保護者の安心感の双方に良い結果をもたらすことが多くあります。

子育てや子どものもつ課題を対話の中から探り、日々の課題を双方で共有し、気楽に相談できる雰囲気を形成すること。そして、園に対する思いや小さなことでも話し合える関係性を築くことで、保護者が安心できる「質の高い保護者対応」が可能になります。そのためには、関係を悪くしないための見通しと、具体的な対応を園内で話し合うことが大切です。

専門機関との連携の基本①

障碍のある子どもの増加傾向により、関連する専門機関だけでは発達に必要な療育や対応が難しくなっています。結果として、幼稚園・保育所・認定こども園での受け入れが増えています。こうした実情を踏まえると、園と専門機関が丁寧に連携を図る必要性が高まっていて、そのあり方にも注目する必要があります。

3歳児健康診査などの集団健康診査を経て専門機関へのかかわりが進み、診断を受けてから入園する場合は、専門機関との連携が特に重要です。また、子どもが園と通園施設を行き来するケースもあります。継続的に専門機関との関係を維持しつつ、園に毎日通うケースなど自治体や地域によってもさまざまです。昨今では、専門機関からの訪問や巡回相談など、連携が進んでいる地域も多く、子ども、保護者、園のそれぞれの立場にとって、プラスの方向性ではありますが、一方で課題も多くあります。次のように専門機関との連携の基本を探り、園としての意識をしっかりともつ必要があるでしょう。

専門機関と園は対等の関係である

専門機関では障碍や子どもの評価に関して、専門的な知見や経験により対応・療育しています。園への巡回相談や訪問などの機会では、指導を仰ぎ、保育のヒントをもらうこともあるでしょう。ただし、限られた療育場面やアセスメントの結果だけから子どもを判断することで、「保育」と「療育」双方の視点がずれる場合もあります。保育者は、日々の子どもの姿を自然な視点でみていることから、丁寧な子ども理解が可能です。また、専門家も教育や保育に関して理解が浅い場合もあるでしょう。

連携は重要ですが、専門家の意見を鵜呑《うの》みにすることは危険です。保育の中での理解や対応と専門機関の対応は、対等な関係でなければなりません。園で育つ子ども同士の関係の重要性や遊びの意義の理解を専門機関に深めてもらう発信も必要です。

方法論の相違を意識し、安易な受け売りはしない

専門機関には、障碍のある子どもの療育を中心にした方法論が存在します。その多くは個別性の高い指導方法であり、研究も進んでいます。しかし、発達に必要な経験としての課題克服が中心となるため、集団での対応に安易に導入するのは問題です。たとえば、間仕切りやカーテンを用意したり、活動やスケジュールの流れをわかりやすく示すなどの「視覚的構造化」の導入は、子どもによっては効果が明確な場合もあります。しかし、保育者が使い方を誤ると、安易に子どもの行動を変容させ、周囲の子どもとの関係を変えるためだけの手段になる可能能

性があります。子どもの理解と対応は、双方の立場をわきまえて、子どもの生活や遊びを中心とした保育の理念をベースに考えることが大切です。

専門機関との連携の基本②保護者の安心と連携

7月から秋にかけて、次年度入園を検討する保護者から、見学や問い合わせが増えてきます。障碍のある子どもの保護者にとっては、この時期には苦しい経験をしていることが少なくありません。園から「障碍のある子どもは受け入れていません」と門前払いを受けたり、ようやく入園が決まって実際に保育がスタートしてから、課題が多すぎることから転園を迫られるケースもあります。

こうした経緯をたどってきた保護者は、園に対して最初から子どものことを語りたがらないこともあるでしょう。子どもに障碍があることをオープンにすると「また入園を断られるのではないか」と思うためです。ですから、入園までのプロセスを慎重に検討することはいうまでもありません。しかし、まずは保護者の立場に立って、保護者の思いを共感的に受け止める姿勢が大切です。また、今までの育ちの経緯、専門機関などのかかわりについては、包み隠さず園に伝えてほしいものです。そのためには、子どもの状況を聞く時は、保護者の立場を理解し、受け止めることが基本となります。

特定の指導方法の是非

入園前から療育的な指導を受けて、保護者が課題克服に必死になっている場合は、療育的な指導法を園に求めてくることもあります。たとえばTEACCHプログラム（自閉症および関連領域のコミュニケーションに障碍をもつ子どもたちの治療と教育）を導入している専門機関の場合、環境や生活リズムに対して、構造化した個別プログラムを重視しています。これは個々の子どもの特性や理解、興味・関心に基づいた指導のためのアセスメントを実施し、その子どもに合わせた個別プログラムを用意するものです。障碍の状況によっては、成果がみえることがあります。そのため、こうした手法が絶対的と感じる保護者の場合、園に同様の指導法を求めてくることもあるのです。しかし元来、園はともに生活する場であるため、特定の指導方法だけの導入には困難が伴うこともあるでしょう。

このような状況になった場合、保護者の意向と園の方針にズレが生じる場合があります。園のインクルーシブ教育・保育に対する方針や理念をしっかりともち、専門機関の意見を取り入れつつ、具体的な配慮の方向性や育ちの話し合いが可能になれば、保護者が安心できる連携になります。そのためには保育の専門性が鍵となるのです。

保育者が知っておくべき専門機関の役割

療育と保育の違いと共通点を整理する

専門機関は障碍に関する知識や経験が豊富であるだけでなく、診断やアセスメントなど、保育にはない専門性をもつ人が担当します。しかし、保育という営みの中で育つ子どもの姿の理解が深いとは限りません。人を対象にした仕事という点では共有できますが、基本的な考え方や指導法は相違点が多いものです。ここでは、療育と保育の違いと共通点を整理し、専門機関と対等な関係で障碍のある子どもを育むことの重要性と家族を支援する方向を検討してみます。

診断・療育としての役割

専門機関は医師の診察によって診断を実施し、DSM-5やICD-10などの世界基準、IQなどのアセスメントによって確定します。診断については、早期発見・早期療育の立場に立つ医師もいれば、様子をみる医師もいます。大切なのは、継続して子どもの様子をみることが可能な体制と関係を形成することです。

発達障碍の場合、小さな変化を積み重ねる中で、状態に変化が起こることがあります。保護者と専門機関が常に連絡できる体制を形成することが大切になります。診断が出た後は、通園療育を受けたり、その頻度を決めること(週1回か2回、または3回)、園に入園する場合の相談など、保護者にとって難しい判断をしなければならない状況があります。障碍に関する基本的な知識や今後の見通しについても、専門機関ならではの指導が行われます。

保護者支援としての役割

子どもに障碍があることがわかった時、多くの保護者は大きなショックを受けます。専門機関は、保護者の思いを受け止めるだけでなく、障碍の正しい知識や今後の見通しなどを伝えつつ、支援の方向性について丁寧に説明します。十分とはいえない状況も見聞きしますが、これから長い期間、専門機関とかかわるためには、しっかりとした信頼の上で大切な子どもをともに育てる視点が重要です。

保護者の中には、専門機関に対して「かかわりたくない」「行くと不安になる」という感想を抱く人もいるようですが、将来のことを考えた上で、かかわりを持ち続けることが必要です。

就学相談としての役割

5歳児クラスの6月頃からは、就学相談が始まります。自治体によって差はありますが、就学相談や就学支援は専門機関の重要な役割です。一般学級に行くか、特別支援学級に行くか、特別支援学校に行くかなどの選択肢から就学先を決めるのは、悩みが伴う場合があります。

専門機関では、子どもの状態をしっかりと見極め、学校の受け入れ体制とともに、必要とされる合理的配慮が可能かどうかを学校と話し合い、ふさわしい方向性を検討します。ただし、保護者と学校側の意見が合意されないケースも散見されます。その時は、専門機関の意見を取り入れつつ、保護者の意向を受け止め、まずは子どもにとって大切な方向性を定めることが必要です。子どもに無理な状況を強いることになったり、育てたい部分に手が届かず、学校生活自体が子どもを厳しい状況に追い込んでは好ましい状況といえません。慎重かつ的確な判断を保護者とともに考えることが、専門機関の重要な役割です。

家庭での生活支援としての役割

生活をベースとして、障碍のある子どもにはその子どもに必要な配慮や支援の方法があります。気持ちの切り替えができない、生活の見通しをもつことが難しいなど、個々の子どもには多くの課題が生まれることがあります。

そのような状況で、専門機関の方法論や指導が家庭でも役立つ場合があります。子どもが見通しをもつことができるスケジューリングや、気持ちの切り替えに活用する絵カード・写真なども有効です。個々の育ちをしっかりと見極めた上で、必要な合理的配慮について家庭を支援することは、専門機関の重要な役割です。それが保護者の安心感につながらなければなりません。❤

園の役割を理解する

生活と遊びの場であることの意味

家庭とは異なり、園の生活は多くの刺激の連続です。このことが子どもの状態を不安定にすることも否めませんが、時間をかけてしっかりと園の生活を定着させることが大切です。園では、子どもに負担感を強いたり、無理を押しつける状況が生まれる可能性があります。しかし、課題を多くもつ発達障碍の子どもは、課題があることが当たり前と解釈する必要があります。

安定した生活を実現するためには、個々の子どもがもつ「興味・関心」を大切にすることです。そのために必要なのは「遊び」です。生活と遊びを基本とした園生活では、子どもの興味・関心を大切にした上で、安心感の中で日々の生活を積み重ねることが必要です。そのためには、保育者が個々の子どもの内面を丁寧に理解した上で、過度な負担を課すことがないように合理的配慮を積み重ね。楽しい園生活が可能になるように園内連携などを積み重ねる必要があります。生活と遊びの場を育ちのベースとして考えることが、園の重要な役割です。

関係を形成する役割

園では子どもが自由に場所を選択したり、他の人に興味をもつなど、専門機関では経験できないことが多くあります。それは園でしか経験できないことです。障碍の有無にかかわらず、子どもは自分の興味のあるものを使ったり、試したり、時に乱暴に扱うなどをします。それらはすべての子どもにとって、ものとつながる重要な経験です。子どもは日々の生活や遊びの中で、ものとの関係を確実に形成していきます。同じことを繰り返したり、気になる行動が続く場合もありますが、その意味をしっかりととらえ、理解し、時に記録しながら小さな育ちや変化を保育者間で共有することです。単純に問題行動と断定したり「大変な子」「厄介な行動」と決めつけると、小さな育ちが見えなくなるばかりでなく、保育者が子どもにレッテルを貼り、園の中での存在感がマイナス要素だけになる可能性があるのです。

4歳児頃になると、他の人に興味をもつことが多くあります。人間関係としてのつながりを形成したことが少ない発達障碍の子どもにとっては、人間関係に課題が生まれることもあります。しかし、人とのつながりを作ることは、将来に向けてとても大切だと理解しなければなりません

仲間と生活する意味

園の経験として最も重視したいのは、仲間と生活することを丁寧に理解することです。障碍のある子どもは、かかわり方に微妙な姿があったり、言葉による会話が難しいなど、他の子どもとは異なった特徴をもつ場合もあります。しかし、肌を通じたかかわりや、人を好きになる経験、他の子どもに受け入れられた経験は何事にも代えがたいことです。

しかし、保育者が「困ったな？」「問題行動が絶えない」など否定的なことを日々感じてしまうと、周囲の子どもが保育者と同じような感情をモデル化する可能性があります。結果として差別的なかかわりや、仲間として受け入れることが難しくなる可能性があるため、保育者がインクーシブなマインド※50をもって、どの子どもに対しても公平・公正に接することが求められるのです。

以上のような配慮の中で生活や遊びを積み重ねることによって、集団の中の一員としての存在、仲の良い友人関係が形成され、園で生活することの意味がみえてきます。どの子どももクラスの大切な仲間としての関係が形成されることで、インクルーシブな保育が実現できるのです。この経験は、後の就学や将来にわたっての就労まで活きることが多く、将来を見据えて大切にする必要があるのです。目の前の子どもとの生活が将来につながる可能性があることを意識し、仲間とともに生活することいかに重要か、保育者相互が理解することと、保護者と共有することが必要です。

将来に向かって大切な経験を積み重ねる役割

障碍の程度にもよりますが、小学校への就学で通常の学級に入らなかった場合は、個別対応が中心になります。その場合、個々の児童への対応が丁寧に行われることで、学習に対する配慮や安定した学校生活を過ごすことにつながります。

しかし、交流級や通級などの制度※51を活用しても、他の児童と長い時間接する機会は減少する傾向にあることは否めません。そのような状況を考えると、就学前に他の子どもと生活を積み重ねることは、将来への育ちにとっても大切です。このことは障碍のある子どもだけでなく、周囲の子どもにとっても大切な経験となります。小さな頃に障碍のある子どもと接した経験がある人は、成人になった時に差別的な態度が育まれないという調査があります※52。逆に障碍のある人と接した経験が少ない人からは、差別的な意識が生まれやすいという結果があります。これは幼児期の記憶を中心にしたアンケートですが、重要な示唆を与えてくれる研究です。

保護者がコミュニケーションを深める役割

障碍のある子どもをもつ保護者の多くは、障碍に対して自らの責任を強く感じたり、人とかかわることに対して抵抗感があるなど、負い目を感じていることがあります。そのような状況は誰にでも起こる可能性があり、当事者でなくても深く共感してくれる人がいます。大切なのは、保護者の立場であっても、多様な幼児が存在していることをしっかりと受け入れる姿勢です。「障碍のある子どものいるクラスは大変」「自分の子どもがしっかり見てもらえない」とネガティブな感情をもつ保護者がいることも否定できません。またそのようなことを自分の子どもの前で語ったり、保護者同士で否定的な会話をしているのを子どもが聞いてしまうことにもなりかねません。そのような場面に出会った子どもは、自分の親が障碍のある子どもに対して否定的な感情をもっていることを敏感に感じ取り、結果として仲間としてかかわることが難しくなることもあります。

大切なのは、多様な子どもが存在していることの意味を大局的に理解し、その大切さを日々の日常の中で語ることです。しかし、特別な扱いを生み出す可能性もあります。障碍の有無にかかわらず、多様性を受け入れようとする姿勢、多様な子どもの存在を価値ある1人の人間として具体的に認めることが必要です。そのためには、日々の生活や遊びの中で、保護者にも理解を深めてもらう機会を形成することです。時間はかかっても、幼児期の保護者相互の関係形成はとても大切で、将来に向けて家族でかかわることにつながる可能性もあります。幼児期の子ども相互のつながりも大切ですが、保護者相互の関係が形成される機会を大切にする必要があります。

互いに連携をしながら役割の違いを意識し、子どもの育ちを支える

障碍のある子どもが園に存在することは、周囲の子どもにとっても保護者にとっても多様な価値観を受け入れる経験の積み重ねになります。専門機関は障碍のある子どもが中心的な存在になるため、園の関係性とはかなり異なった状況です。専門機関と園を併用している場合は、その相違に違和感を覚える場面もあります。大切なのは、悩みをしっかりと傾聴し、保護者の思いを受け止める存在が園にいることです。全体を見渡してファシリテーション※53が可能な人の存在も重要になります。

専門機関との連携について、保育者としての立場、専門機関の考えや巡回相談の価値などを把握し、結果として対象の子どもの育ちに役立つ連携を相互に考えることが必要になります。高い専門性も必要ですが、さまざまなケースを経験しながら保護者の思いや子どもの育ちを丁寧に読み取ることの積み重ねが、新たな知見を見出すことにつながります。そのことを理解した上で、障碍のある子どもや保護者に対応することが必要です。❤

注

50　インクーシブなマインドとは、インクルーシブな保育を実践する時の保育者の心持ちのことをいう。

51　交流級とは特別支援級に在籍しながら、ホームルームや給食の時間に通常級に移動して活動する。特別活動に限らず、得意な科目や音楽や体育などの授業も、相談の上交流級で受けることができる。

通級とは通常の学級に在籍しながら、その子の障害特性に合った個別の指導を受けるための通級指導教室のことをいう。週に何時間か通う。在籍校に通級指導教室がない場合は近隣校の「他校通級」を利用する。

52　照川悠海「障碍者への差別意識と幼少期の障碍者との関わりの相関性　差別や偏見を解消するために必要なこと」玉川大学教育学部卒業課題研究、２０２０年

53　ファシリテーション（facilitation）とは、人々の活動が容易にできるよう支援し、うまくことが運ぶよう舵取りすること。集団による問題解決、アイデア創造、教育、学習等、あらゆる知識創造活動を支援し促進していく働きを意味する。

第5章

保護者が安心して日常を過ごすために

園の受け入れ体制の現状

多様な家族の背景や思いを受け入れる

皆さんは、障碍のある子どもをもつ保護者の立場を真剣に考えたことがありますか？　もちろん、実感することが多いとは思いますが、保護者の気持ちや体験に寄り添うことで、その気持ちが痛いほどわかる時があります。

筆者は30数年の保育経験の中で、多くの保護者に対応する機会をもらいました。中にはモンスターペアレントやクレーマーといわれるような、対応が困難な保護者もいました。そのような時は、深い悩みをもつことになり、精神的にもつらい状況になることがありました。逆に、保育の新たな取り組みに対して好意的に理解してくださり、応援してくれることも多くありました。

最も丁寧に対応する必要があったのが、障碍のある子どもをもつ保護者です。すでに子どもが30歳を超えるケースもあり、具体的な対応の中で考えさせられる出来事に出会うことがあります。

子育ては孤独であり、責任感が必要であるだけでなく、周囲に気楽に相談できる人がいない状況で子育てをしている人は、深い悩みをもつことがあります。特に障碍のある子どもをもつ保護者の場合、子どもの障碍をオープンにできない状況や、祖父母から孫に対して否定的な思いをもつことの影響を受けているなど、家庭の状況はさまざまです。多様性を受け入れる保育を実現すると同時に、多様な家族の背景や思いを受け入れることが重要になります。

事例1 嫁、姑の関係から――絶対に専門機関には行きません

2年保育で入園して2年目、年長児のM君。年中組の時には言葉が遅いことが気になっていましたが、自分の好きな遊びに取り組むことは大好きで、活動に対しても興味のあることには積極的に取り組みますが、集団での活動や一斉活動が多くなると、集団から外れることが多くなり、担任としても気になっていました。

年長に進級する年の2月に個人面談があり、M君の園での気になる様子をいくつか保護者に話す機会がありました。母親は自ら語るタイプではなかったので、担任も少し緊張しながら話をしました。M君の様子を話すと、母親は「家では特に困っていません」と、園での様子を聞き入れてくれない感じがしました。年長になり、就学を迎える時期になると、心配なことがより多くなるのではないかと危惧していたのです。

年長に進級し、行事や日々の生活や活動の中で、言葉が少ないM君はクラスにいる場面が徐々に少なくなってきました。個別の対応が必要となり、加配の保育者の協力を得ながら、何とか日々の活動にも取り組んでいました。

小学校に入る準備が始まる11月になると、保護者は学校の選択に迷う様子もなく、一般学級に進学することを決めているようでした。小学校からも特に指摘されることはなく、卒園を迎えました。しかし、M君には課題が多くあり、要録には配慮する点などを記述して送付しました。

M君が就学した年の5月、小学校の担任から園に連絡がありました。M君の課題や学級での様子を話した上で、園での様子を詳しく聞きたいと、来園してきました。着席ができないだけでなく、給食も座って食べることができず、学校としては困り果てているという話がありました。

そこで、学校としてもどのように対応する必要があるかなど、園と相談しながら進めることになりました。園から保護者に連絡をして、学校での様子を聞くことにしました。学校での様子を聞いていたようで、あまり語ることがなかった母親が、落ち込んだ様子で話をしてくれたのです。

M君に障碍があることは十分理解していたが、姑から4歳の時に「あなたの生んだ子どもがこんな子どもだったのは残念だ」と言われたそうです。母親にとっては衝撃的な言葉で、関係が悪くなるだけでなく、障碍の認定を絶対に受けたくないと思い、専門機関には行かなかったとのことでした。母親の気持ちを考えると、そのつらさは理解できます。

その後、母親に承諾を得た上で、小学校にも母親の思いを伝え、小学校側もその状況をしっかりと理解してくれたのです。しかし、M君の行動はなかなか難しい状況となり、結果として個別支援のクラスに移りました。M君は配慮の行き届いた支援学級で穏やかに過ごし、学校生活を楽しく過ごせるようになったのです。

入園拒否は人権問題

事例のように、障碍のある子どもが生まれる理由は明確になっていないにもかかわらず、母親が責められるという状況を生み出してしまいます。父親が子育てにかかわることができない場合も、母親の負担感は増加の一途をたどる可能性があります。

園に入園を希望する際にも、同様のことが起こっています。入園前の園選びは、どの家庭にとっても真剣かつ悩むものです。特に障碍のある子どもをもつ保護者は、地域の子どもたちが通う園を希望しますが、入園を断られるようなケースもあります。お試し保育に参加することを入園の条件にしている園もあります。そのような中で、着席が困難であったり会話が成立しないと、入園を断られるケースもあります。その時、保護者はかなりつらい状況になります。

障碍の認定を受けている場合は納得できるかもしれませんが、特に認定もなく、興味・関心が強く、目に飛び込んでくるものを見に行ったり触ったりすることは、2歳児頃の子どもにとっては探究心の現れです。楽しくもない保育の中に入らなければならない状況に対して、拒否的な子どもの姿が入園の拒否につながる園の考えや取り組みは、人権問題といっても過言ではありません。そのようなことが今でも平気で行われていることは、由々しき状況といわざるを得ません。

少しでも解決できることから始める

筆者の園には、毎年、このような状況に追い込まれて相談に来る保護者がいます。中には、園に来る時に強い緊張感をもち、子どもがきちんとしていないことを悲観し、本音を話してくれないケースもあります。

子どもの状況を園庭などで見させてもらうと、確かに興味や関心が強く、動きが激しいこともあります。しかし、1時間程度園庭で遊んでもらう機会をもつと、子どもの興味が見えてきて、行動の背景にある内面が見えてくることがあります。その時、保護者に話しかけると、園に相談に来た経緯を少しずつ明らかにしてくれます。

子どもの評価は保護者の評価につながるため、自身の子どもが園から否定されたことで、子育てをすべて否定された気持ちを抱いてしまうのです。そんなダメージを受けた保護者には、子育てに対する否定や子どもの課題を少しでも解決することから始めなければなりません。

事例2 説明もなく、入園拒否

関東では、幼稚園の入園は11月に願書の受付をするのが一般的です。本園でも11月1日に願書を受け付け始め、入園を希望する子どもの状況を丁寧に把握します。入園時には遊びの様子などを保育者が確認したり、保護者から生育歴や家庭で気になることを聞きながら、入園までの時を迎えていきます。

次年度の入園がほぼ決まっていた12月、入園が決まっていた園から突然「入園させられない」と言われ、途方に暮れてしまったという連絡がありました。そこでまずは、来園していただき、子どもの状況を聞いて本園の保育を見ていただくこととなりました。

子どもに何か障碍があることはありませんでした。母親は大変緊張した様子で園に来ました。入園できない理由を園に訪ねても、明確な回答がない状況で、保護者は大変不信感をもったようです。入園までのプロセスを尋ねてみると、プレ幼稚園に通っている時に、何度か先生の話を聞くことができない状況があったといいます。それが入園拒否の原因かどうかは不明ですが、園としての説明責任を果たす必要があると感じた事例でした。子どもは結局、本園に入園することになりました。

保護者が安心できる相談先、相談できる人の存在

このような状況を起こさないためにも、インクルーシブな保育のあり方や、共生社会の形成が欠かせません、20年以上実践の研究にかかわる中で、変化しないのが私立幼稚園の大きな問題です。多様性を受け入れることが不可能な保育の見直しや、園長・設置者などの問題点も指摘しなければなりません。

これらの背景の改善は困難かも知れません。大切なのは、保護者が安心できる相談先、相談できる人の存在です。園が幼児教育センターの役割を担う必要があれば、人材確保が何よりも重要です。「障碍のある子どもは受け入れることはできません」そうした言葉を平気で使う人がいることは、共生社会に対して反対する人がいるということです。共生社会を形成するには、園の中に専門性の高い人が存在することが必至の課題ではありますが、容易ではありません。

そこで次に、保護者が安心して日常を過ごすことが可能になるために、園として何ができるのかを検討します。

入園前からのかかわり

早期診断・早期対応の良さ

子育ての悩みを聞いてくれる子育て支援施設や広場は、この10年間でかなり多くなっています[※54]。障碍のある子どもに関する相談は、公的な機関であれば福祉センターや発達相談センターなどの専門機関が中心になります。しかし、障碍がまだ見えていない場合、そのような施設はかなりハードルが高くなります。「障碍が見つかったらどうしよう」「うちの子は父親も動きが激しかったから」「しばらく様子を見ることにしよう」など、自分自身を安心させることで、専門機関や相談に行かないケースも多くあります。その気持ちはよくわかりますが、早期に診断を受けることによって、しっかりとした配慮や専門機関の療育などの効果がある場合もあります。

逆に、障碍があるかわからない状況であっても、子どもに対する配慮がしっかりなされることで、育ちが明確に見える場合もあります。子どもの姿は一人ひとり異なるので、配慮のあり方も千差万別です。親の立場ですべてやってあげることが続くと、結果的に育つべき部分が育たない状況となり、発達の遅れにつながりかねません。

言葉の遅れや行動で気になることがある場合は、専門機関などに連絡・相談することでその後の育ちにつながるケースが多くあります。ただし、筆者がかかわる周辺の専門機関は、対象者の増加から、最初の相談に数か月待たなければならない状況があることも否めません。不安な気持ちで長期間過ごすことは、保護者にとってかなりのストレスになる場合があります。

これらを園として理解し、社会的構造の問題や課題を知ることで、しなければならないことや可能性を探ることができるのではないでしょうか。

気楽に話せる場と人

障碍のある子どもをもつ保護者に、入園前の経緯を聞いてみると、深い悩みをもつにもかかわらず、気楽に相談できる場がなかったといいます。専門機関はハードルが高く、子育て支援施設でも子どもの動きが激しいなどで、他の保護者から冷たい視線で見られてしまい、結局家で過ごすことが中心となり、外に出る機会が極端に少なくなるという声を聞くことがあります。公園や商業施設などに行くことも避けて、他の子どもとかかわる機会がまったくなかったというケースもあります。

このような状況で入園を断られる場合、誰かが手を差し伸べていかなければならないのではないでしょうか。自分から行くことができる保護者は、積極的にネットワークを形成することができるかもしれません。しかし、第一子の場合は、一人で悩みを抱えることが多くあるのです。園は子育て支援の場でもあり、保護者の安心を醸成する場でもあります。そのためには、気楽に話せる「人」の存在が何よりも重要です。

入園前の相談から

入園を希望する保護者が園の見学を始めるのは、5月の連休明け頃になります。園によって対応は異なりますが、募集前の9月頃には多くの見学者が園に足を運びます。大切なことは、園の考え方や方針を明確に示すことです。園に通うことで何が育まれるのか、どのような保育が展開されるのかなど、ホームページでの告知だけでなく、パンフレットや資料を配付することで、理念を伝えることが重要です。

そのような中で、可能な範囲で保護者からの相談を受け付けることが必要です。公式な場での相談はもとより、見学の際に気楽に話せる状況を意図的に作ることで、保護者の本音を引き出すことになります。障碍のある子どもをもつ保護者は、そのこと自体を隠していたいこともあります。

子どもが園庭などで遊んでいる姿を見ることで、動きが激しいなど気になる姿をみせることもあります。その時は「元気がいいですね」「どんな遊びが好きなんですか」などと話しかけることで、保護者の気持ちを少しずつほぐします。子どもの様子を聞いてみると、実は専門機関に行っていたり、福祉センターに相談しているなどと話してくれる場合もあります。正直に話してくれる保護者の心情は、強い緊張感をもっています。それは、これらの事実から入園を断られるケースを見聞きしているからです。

大切なのは、入園の可否ではなく、子育てを支える意識で園の立場を明確に示すことです。保護者が気楽に相談できる園になることは、園として重要な位置づけになります。もちろん専門性が必要になるので、対応可能な人材の存在は欠かせません。

年明けから入園までの対応

入園募集が終わり、1月頃から新しい年度を迎える準備が始まります。この時期の「1日入園」や教材を渡す時に、子どもの姿に接する場面があります。個々の子どもの姿を見たり、4月以降のクラス編成、担任決定のプロセスが始まります。

障碍のある子どもが数名入園する場合には、意識すべきことがあります。たとえば、1学年に

2クラスあると、障碍のある子どもを分ける必要がある場合もあります。一方のクラスに担任を2名配置する体制では、そのクラスに障碍のある子どもを多めにするなどです。

大切なのは、担任の負担感を少なくすることです。園全体の体制として、子どものクラス分けと担任の配置には神経を使います。加配が必要な場合は非常勤教員を採用したり、フリーの教員を配置することが必要な場合もあります。人材難が続いている昨今なので、早めの手配が求められます。

入園直前の心構え

具体的に入園準備を進める3月は、担任の発表や園児のクラス分けを正式に伝える時期です。保育者にとっては緊張感のある場面になります。自分が担任するクラスに障碍のある子どもがいる場合、入園前に出会った子どもの姿を共有する必要があります。特に動きが激しい子どもや、配慮が必要な子どもについては、どのような配慮が必要かを全員で共有します。状況によって4月に保育が始まる前に、一度保護者に来園いただき、子どもの様子を確認することもあります。

これらの取り組みは、担任と保護者に安心をもたらします。受け入れまでの時間をどのように過ごすか、前例の踏襲ではなく、その都度柔軟に対応することが求められます。

保護者と担任の安心感は、結果的に子どもの安心感につながります。そのことを意識しながら、園全体の体制を形成することが求められます。障碍のある子どもを受け入れること＝「大変」につながる可能性がありますが、逆に園の専門性が高まります。その都度、保育者間で話し合いながら、安心・安全な保育、園生活全体に見通しをもって、楽しい日々が過ごせるように配慮することが求められます。

入園後の安心感

4月に入ると、泣く子どもやクラスから飛び出す子どもなど大変なことが起こるのが保育現場の常です。特に障碍のある子どもが数名存在することで、担任の負担感が高まる可能性があります。また、保護者の中には園での姿が気になる人もいて、保護者対応が必要な場合もあります。

5月の連休明け頃までは、園児、担任、保護者ともに不安定な状況が続く場合があります。しかし、時間の経過とともに、穏やかな状況になる見通しをもつことができます。保護者の不安が拭えない状況が続く場合は、日々の様子を可能な限り伝えていくことが必要です。写真や動画を活用したり、電話やアプリなどを使うことによって、可能な限り子どもの姿を見える化することが必要です。

子どもが園にいる時の様子が見えないため、保護者は自分で園での状況を想像し不安になることもあります。保育に参加するのが難しい状況があっても、改善の見通しや園・クラスとしての対応の方向性を示しながら、現状を伝え、共有することが必要です。

クラス活動への参加が難しい状況が起こるのが、障碍のある子どもの特徴でもあります。その場合、クラスにいることだけを強いるのではなく、保護者と相談しながら、クラスに居場所ができるかかわりを形成することも必要です。保護者に園にいていただく判断が必要な場合もあります。このような判断はとても難しいですが、大切なのは「安心感」です。子どもの状況、保護者の思い、担任の悩みなどを総合的に判断して対応を決めるのは、主任や副園長、園長等の重要な役割です。

事例3 クラスの活動に参加できない状況に出会ったS君

3年保育で入園したS君は、入園前にADHDの診断を受けて、専門機関とのかかわりを持ちながら入園してきました。園としては、個々の子どもの状況を可能な限り事前に把握して、特性やかかわりの方向性を検討して入園を迎えています。S君は衝動性が高く、自分の意に沿わないと癇癪を起こすことがありました。

そのような特性をしっかりと理解した上で保育をスタートしましたが、S君の特性は連休明け頃から本性を発揮し、クラスの中では「乱暴な子」との印象が植え付けられ、周囲の子どもがS君を避けるような場面がしばしばありました。担任の保育者は対応に苦慮し、保育の方向性を主任や副園長と相談しながら進めていたのです。

6月には保育参観がありました。短い時間の参観ですが、保護者にとって初めての園生活の姿を見る機会なので、期待と不安でいっぱいだったと思います。S君の保護者も、参観当日に園に来てくださいました。

当日は遊びを中心にしながらも、クラスで絵本を読む時間がありました。一斉の活動が始まった時、S君は気持ちが絵本に向かずに、持っていた遊び道具を部屋に投げ捨てて、保育室を出て行ったのです。保護者はS君の後を追って行きました。S君は、母親の姿を認識したものの、無視するような状況です。母親はとても暗い表情になり、S君をにらんでいます。

そんな場面は、園としてどのように対応する必要があるか迷います。S君をクラスに連れて行くかかわりもできますが、そうした状況ではありませんでした。そこで、暗い気持ちになっているS君の保護者と話をすることにしたのです。

母親は、副園長が近づくことを警戒しているようでした。副園長は、気持ちを開くようなかかわりをして、S君の入園からの様子について話をしました。母親はかなり緊張していたようですが、副園長がカウンセリングマインドをもって、母親の気持ちに寄り添いながら話を聞くことで、少しずつ心が解《ほぐ》れてきました。その結果、S君の家庭での様子だけでなく、今まで育てた中での苦悩や悩みを少しずつ話してくれたのです。

一生懸命育ててきたものの思いどおりにならない状況が続き、他害があるために公園などにも連れて行った経験がないことも理解できました。S君の入園までの経験値や人とのつながりの希薄さが見えてきました。この日をきっかけに、母親は心を開いてくれるようになり、気になることは遠慮なく伝えてくれました。

小さなかかわりの積み重ねが家族を支える

事例のように、園に来ることで逆に不安をあおる可能性もあります。そのような時こそ、保護者との対話が必要です。クラスに入ることができない状況を目の当たりにするのは、保護者の不安を強くすることもあります。そのような時こそ、園の考えや見通しについて話すことが必要です。

課題はいくつもありましたが、S君は仲間と安心して生活するベースができるようになり、保護者の不安も軽減しました。さらに年長になってからは、自身のアイデアや楽しさに周囲の子どもが魅力を感じるようになり、周囲の子どもとの関係性が形成され、自信をもって小学校に就学しました。

すべての課題が解決したわけではありませんが、園での取り組みと保護者との協働によって、よい方向に向かうことができました。家族の安心感の醸成と子どもの育ちには深い関係があり、その具現化のために日々努力していく必要があります。小さなかかわりの積み重ねが、障碍のある子どもをもつ家族を支えることになるのです。

ワンオペ育児が変われば、子育ては少し楽になる

今後、園が地域の子育てセンター的な役割を担うことを考えると、子育てを支える役割についてしっかりと考える必要があります。

ワンオペ育児といわれるように、母親1人が子育てに奔走し、日々格闘している状況に出

会うことがあります。その心情を察すると、日々の日常を過ごすことだけで必死になり、ストレスを感じることさえなくなってしまう状況です。そのような状況に対して、園としてどのような対応が必要でしょうか。

昨今は子育ての悩みで相談したり、子育て支援施設からアウトリーチ※55によって家庭を支える取り組みも増えてきています。園としては、保護者の苦しい状況に対して「共感性」をもって対応することが大切です。担任の保育者が子どもの小さな育ちを保護者に伝えたり、副園長などがお迎えの時に雑談のように話すなど、保護者の心を開放する時間を意図的に作ることも大切です。

そのような対話が生まれることで、園に対する信頼と安心感が醸成され、ワンオペ育児の苦悩や悩みを少しでも解決する糸口が形成される可能性があります。

事例4 SNSが解決の糸口に

ICTの普及によって、子育て相談も大きく変化してきました。ある研修会の事例ですが、子育ての悩みをSNSで相談した保護者がいました。その保護者の子どもには障碍があり、子育てについて深い悩みをもっていました。園にはなかなか相談できず、1人で抱え込んでいたのです。

悩みをSNSで相談したことで、相談先が保護者の思いを十分に聞く機会をもつだけでなく、園と協力することに承諾を得て、園の保育者と保護者、保健師の三者で相談の機会を作りました。園では保護者がなかなか苦悩を語ってくれませんでしたが、保健師が入ることで、今までの苦労や悩みを吐露してくれるようになりました。

以後、園では子どもの姿をできるだけ具体的に保護者に伝える努力をしました。結果として、今まで見えていなかった園での様子が少しずつ見えるようになり、保護者の不安は少しずつ軽減したのです。園に対して「良い親」として振る舞いたい気持ちがあったようで、なかなか本音を出すことができなかった事例です。小さなきっかけが、虐待の防止や子育ての支援になる可能性があるので、保護者の姿には敏感になりましょう。

園の繊細な対応によって、子育てに対する悩みが少しでも解消される可能性があることがわかります。児童相談所への相談はハードルが高くても、園で気楽に話せる人の存在が、虐待に至るまでの状況を回避できる可能性があるのです。今後は、行政と手を結んで一つの家族

を支えることが必要になります。

保護者が安心して過ごすことができる日常を支えるために、園は新たな役割を担うことになりますが、多様な家族を支える意識をもち、個々の事例にしっかりと向き合って対応することが求められる時代に入ったのです。

注

54 児童福祉法（昭和22年法律第64号）第6条の3第6項に基づき、市町村が実施する事業（以下「地域子育て支援拠点事業」という。）について、「地域子育て支援拠点事業実施要綱」を定め、平成26年4月1日から適用することによって増加している。

55 アウトリーチとは、疾患や障碍のために医療・福祉のサービスを必要とする地域で生活している当事者にサービスを届けて，その当事者の地域生活維持を支援するサービス提供の方法。

第6章

保育の楽しさを
障碍の視点から考える

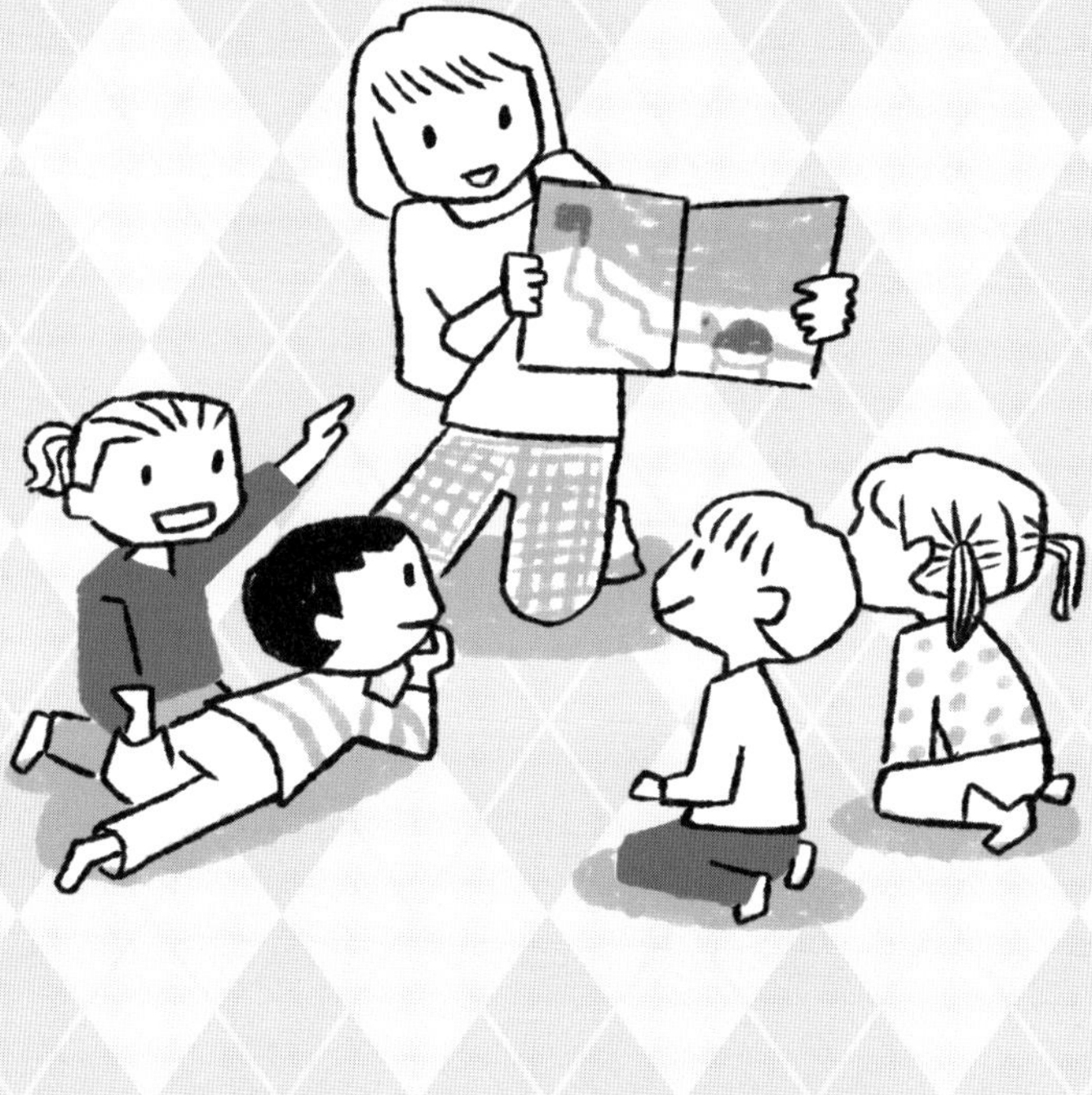

保育のあり方と障碍のある子どもの受け入れ

「させる保育」から「ともに楽しむ保育」へ

障碍のある子どもの存在は、時に園にとって、保育者にとって深刻な状況を生み出すことがあります。その背景を探ってみると、子どもの問題ではなく、保育のあり方に問題があることがあります。本章では、保育のあり方を見直したり考え直すことで、障碍のある子どもが存在することの価値と意味を生み出し、保育が楽しくなる方向を検討します。

昭和の第二次ベビーブーム時に認可されて急激に数が増えた私立幼稚園は、1園の定員が多い状況で開園しました。当時は幼稚園教育要領でも「望ましい経験や活動」を選択し、どのように経験させる必要があるかなど、カリキュラム論としていかに上手に子どもを動かすことができるかが保育者の評価になっていました。また、行事に力を入れることで、園の保育をアピールし、保護者がその出来栄えを評価していました。

少子化が進展し園児募集が厳しくなると、より目に見える成果をアピールする園が出てきました。また、三種の神器といわれる「バス・長時間保育・給食」が保護者の選択要素となり、昭和55年から60年にかけて園のサービス合戦が激しくなりました。丁寧に子どもの立場に立った保育を実施している園も多くありましたが、時代の趨勢《すうせい》に影響を受けた状況があったのです。

平成の時代を迎え、幼稚園教育要領等が大きく改訂され、6領域が5領域に変更されるだけでなく、遊びを通した総合的指導や環境による教育など、本来の保育の重要な部分が改めて強調されるようになりました。しかし、国の方向性が示されたにもかかわらず、保育の見直しが実現できない園や、保育指針や教育要領の理念を意識せず、子どもにとってふさわしいと思えない保育が続けられたことも否めません。その状況から30年以上が経過し、3法令の改訂（定）に至りました。

加配やフリー任せの保育が分離保育を生み出す

このように、集団を上手に動かすための保育のあり方の普及や行事中心の保育、保護者の偏った評価のために実施している保育を今でも踏襲している園が多くあります。こうした園に障碍のある子どもが入園することで、今までやっていた保育ができない、クラスがまとまらない、行事がうまくいかないなどの理由を、障碍のある子どものせいにする状況が生まれています。

そのため、加配やフリーの保育者を活用し、定型発達の子どもと同じことをさせるのが必要と考えてしまうのです。こうした保育のあり方が分離保育を生み出すことに気づかなければなりません（図6－1）。

これは、定型発達の子どもと同じことをさせるのを優先し、障碍のある子どもの補助や加配の保育者がつきっきりになり、手足を動かすかのように同じことをさせる状況です。すると、ほぼ加配任せになります。結果として、障碍のある子どもと担任の関係は形成されにくくなり、周囲の子どもは、障碍のある子どもには常に保育者が張り付いているために、かかわりが減るだけでなく、興味を示さなくなります。

こうした関係が形成されると、保育は上手に進みますが、周囲の子どもとの関係の遮断、担任の保育者と

●図6-1　統合保育における分離の可能性

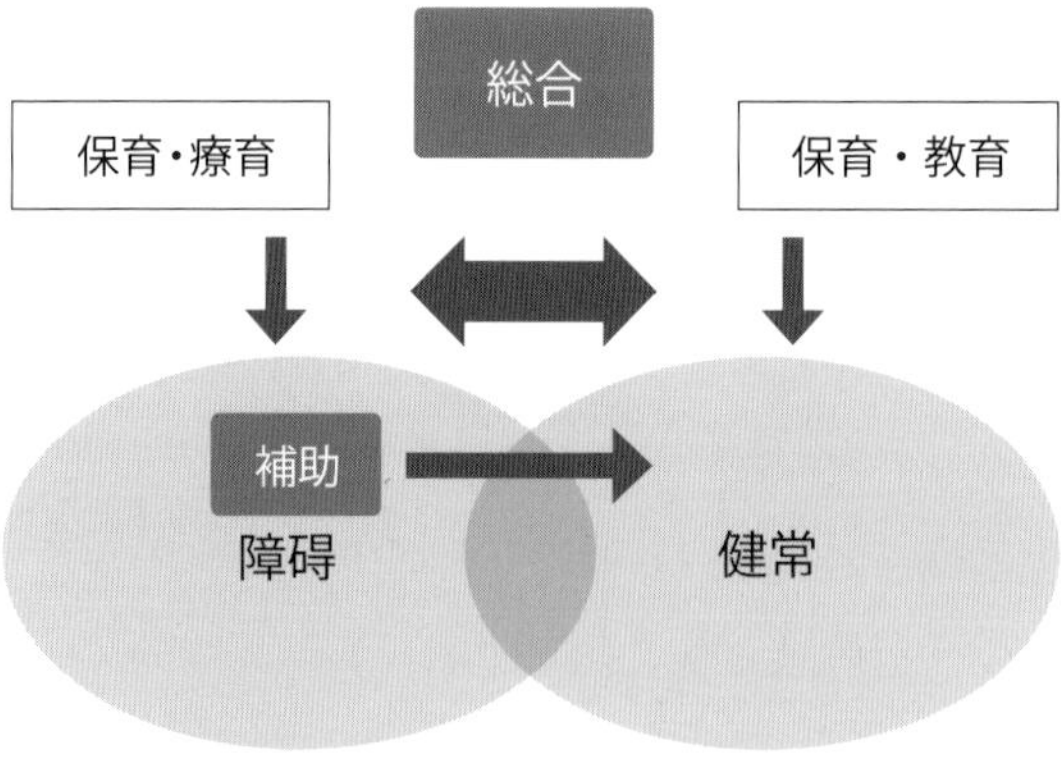

の関係性の希薄化、加配の保育者と密接に日々を過ごすなどにより、結果的に分離保育になります（図6-1）。加配の保育者が多いことで保育がスムーズに展開されれば、インクルーシブな状況にならないまま月日が経過することを意識しなければなりません。図6-2では、共生社会と同じように保育においてもインクルーシブな保育です。

「させる」保育、「できる・できない」という評価から生まれる保育である場合は見直さなければなりませんが、これは容易ではありません。加配の保育者は使命感をもって子どもにかかわっていることが多く、問題を指摘すると自身が否定されたと感じてしまいます。ですから、個々の子どもや保育者との関係など、多様な視点から対話を深め、障碍のある子どもがクラスに存在することの意味を考えることが必要です。周囲の子どもは、保育者と子どもの関係をちゃんと観察しています。

◉図6-2　障碍のある子どもが存在することが当たり前の園生活

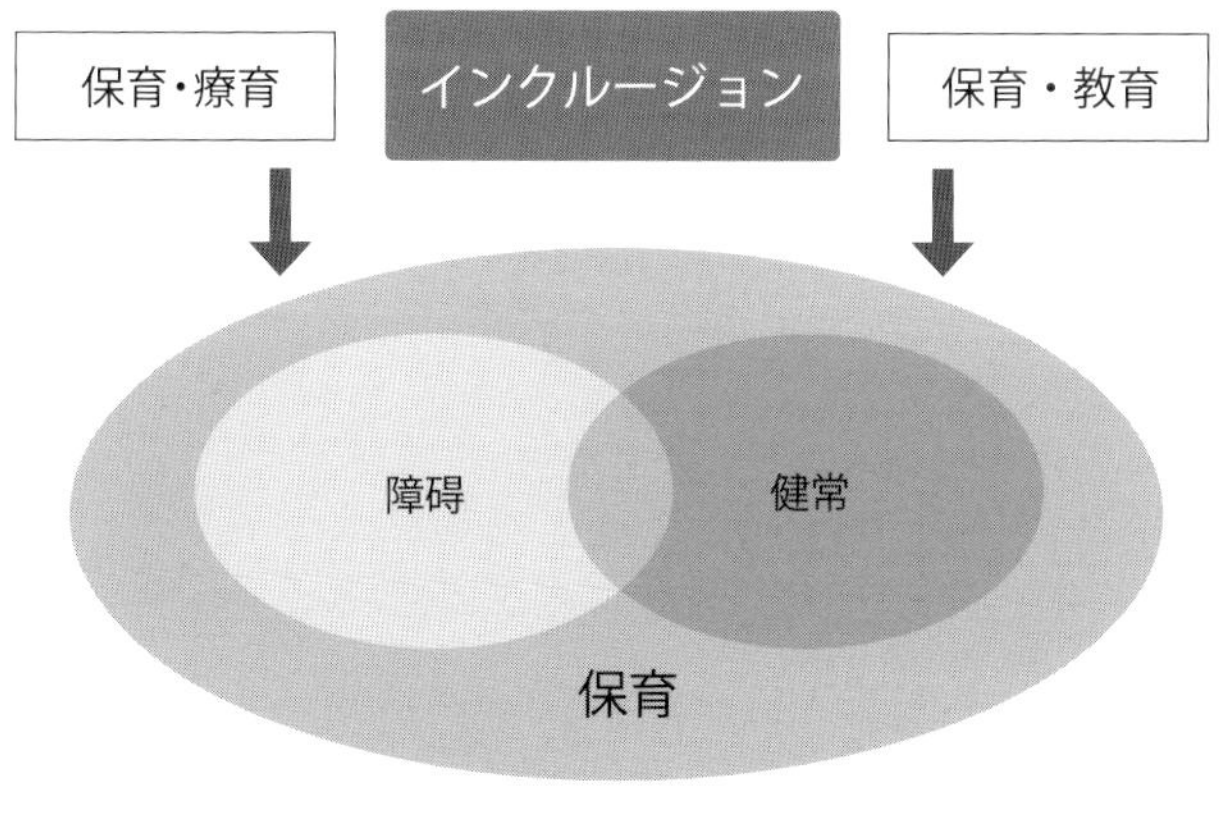

子どもの視点で保育の質的向上へ

幼児期の終わりまでに育ってほしい姿

障碍のある子どもの保育が一般化し、すべての子どもが輝くためには、園としてのビジョンが重要になることはいうまでもありません。そのビジョンの形成には、法人の理事長や園長、副園長や主任などの中核になる人物の哲学が必要です。

2017(平成29)年に改訂された幼稚園教育要領では、幼児期の終わりまでに育ってほしい姿が10項目明記されています(表6-1)。それを見ると、どの項目も大変重要な内容ばかりで、本当に人間が育つため、また社会の一員として必要なキー・コンピテンシーともつながっています。

これらの項目の基本的な考え方は、遊びを通した指導や、環境を通して行う教育が基本となっています。これは1989(平成元)年

◉表6-1　幼児期の終わりまでに育ってほしい姿

●健康な心と体	●思考力の芽生え
●自立心	●自然との関わり・生命尊重
●協同性	●数量や図形、標識や文字などへの関心・感覚
●道徳性・規範意識の芽生え	●言葉による伝え合い
●社会生活との関わり	●豊かな感性と表現

の改訂の趣旨がそのまま引き継がれています。10項目を教育課程や指導計画に盛り込むことを意識すると、この項目が到達目標になる可能性があります。子ども自身が園生活を通して「主体的な学び」「対話的な学び」「深い学び」のプロセスから学びに向かう力が育まれます。させる保育ややらせることでの達成ではなく、日々の子ども自身の学びの積み重ねが重要です。

園のアイデンティティの再構築

園長は、自園の教育・保育のアイデンティティの形成が重要ですが、これらの実現には教育や保育に対する園としての哲学をもつとともに、子どもの発達や育ちに丁寧に目を向け、今ある保育のあり方に対する見直しが求められます。その際、障碍のある子どもが排除されることなく、障碍のある子どもの主体的な学びを意識して園のアイデンティティを再構成する必要があります。園としての都合の良い解釈や独善的な教育・保育のあり方は改善しなければならないのです。

理論的にも子どもの育ちに必要な教育・保育のあり方がかなり明確になり、幼児期にふさわしくない教育・保育は見直されなければなりません。保育内容の格差が明確に生まれてきている昨今の状況をみると、保護者の価値観の相違だけでなく、園の教育・保育のあり方にも大きな課題があり、その克服が求められています。自分の園だけよければよい時代は終わり、子どもの視点に立って本当に必要な保育の質が求められているのです。

そのためには、長たる人物が学び続けるとともに、園の保育の質向上のために努力を積み重ねる必要があります。免許や資格の取得はもちろん、子どもの世界に少しでも関与し、保育の質向上のための哲学を身につけ、具現化する園が増えることを望みます。その結果が、どの子どもも輝く障碍児保育につながると確信しています。❤

周囲の子どもが保育者をじっくり見る

子どもの思いと保育者の理解を一致させる

保育の実践で、保育者が常に子どもに見られていることを意識する必要があるのは、すでに知られていることと思います。特に障碍のある子どもは、保育者をよく見ています。障碍のある子どもの特性や理解に難しさがある場合、他の大人や保育者が対応する姿から、間接的にわかることが多くあります。

事例1 食べたいという気持ちを「食べない」と表現していたA君

筆者が園長を務める園に、発達障碍の診断を受けているA君がいます。A君は、安定している時には問題なく園生活を送ることができます。しかし、行事の前や家庭での安定感がなくなった時などは、自分の思いを通すため、さまざま場面で必死に抵抗します。

担任の保育者は、A君の思いをしっかり受け止めようとします。それでも受け止めきれない状況になった時、周囲の子どもたちは「劇」を見るかのように真剣な表情で見守っているのです。人と人とのやりとりでは、対象となる人の心情が物語のように見えてくることがあります。このような場面で真剣に向き合う保育者とA君の姿には、臨場感があります。

ある日、A君が「お弁当を食べたくない」と言い張る時がありました。保育者には「食べなくてもいい」という思いがあり、「食べなくてもいいよ」と伝えました。しかし、実はA君の思いは逆で、食べたいという気持ちを「食べない」と表現していたのです。保育者の思いにずれがあったため、A君は保育者に対して強い不満を抱き、保育室から出て行こうとしました。

保育者はその姿を見て、A君の本当の思いを察し、弁当箱を持って駆け寄りました。するとA君は「自分の思いを理解してくれた」と瞬時に察して、気持ちよく保育室に戻ってきたのです。その様子を見ていた周囲の子どもたちは「さすが先生」と思ったようで、笑顔でA君を迎えました。

こうした場面は毎日のように起こりますが、保育者の子どもへの理解が誤っていると、抵抗

が激しくなることもあります。一方、子どもと保育者の理解が一致すると、安定感が生まれます。そうした様子から、周囲の子どもはA君の立場を理解していくのです。思いと理解の「ずれ」が頻繁に発生すると理解が深まらず、不適格な対応が増加する可能性があります。

多様性を受け入れる園の姿勢

保育における合理的配慮では、大人からの対応だけでなく、周囲の子どもが障碍のある子どもの内面を理解し、配慮を考えながら生活する場面に出会います。インクルーシブな保育は、こうした日々の積み重ねから具現化されます。園の受け入れ体制を検討する際にも、障碍のある子どもを受け入れることで本人の何が育つのか、課題が生まれた場合はどのように問題を解決する必要があるかなど、受け入れるための理念などを共有することが必要です。

また、問題は発生するものと、ある意味覚悟する必要もあります。子どもと保育者の育ちのために多様性を受け入れることは必須の条件となります。

「平等」「公平・公正」の考え方

「行事」を例に考える

幼稚園教育要領や保育所保育指針では、「一人一人の発達の特性に応じた指導」について強調されています。乳幼児期の子どもを対象にした保育の世界では当然と受け止めていますが、実践の中では迷うことも多くあります。

日本の保育では『個』と『集団』という見方の中で、どちらを優先するか」という議論が聞かれます。「個」と「集団」は相対するものではなく、どちらも大切な概念だと感じています。しかし、どの方向を目指してアプローチするかによって、かかわり方は大きく変化します。

障碍のある子どもが園にいる場合、「個」を最優先することが可能な保育であれば、一人ひとりの子どものニーズに応えて日々の保育を展開することができます。しかし日本の保育では、「集団」に入ることやみんなで行動する場面が存在します。行事は、その代表的なものではないでしょうか。「行事に参加させたい」「参加してほしい」。こうした思いは、どの保育者にもあります。しかし、障碍のある子どもにとっては行事が苦痛になったり、参加を拒否する場面がみられます。ここで「平等」を意識すると、みんなと同じように、できることに価値を置くことになります。

障碍のある子どもは本来、みんなと同じことをするのが難しいところに特性があります。日常的には理解できていても、行事になると特性を無視したかかわりが生まれることがありま す。「参加することに価値がある」といった意見は、保育の現場で多く聞かれますが、参加の方法は多様でもよいのではないでしょうか。障碍のある子どもにとって参加しやすい方法や場が用意される保育の工夫によって、特別な扱いをするのではなく、「公平」にどの子どもにとっても参加しやすい状況を作ることが可能になります。

共に育ち合うことを重視する

先日、園でかけっこをした時、なかなか集団に入ろうとしない子どもが何人かいました。そんな時、子どもたち同士の対話や工夫によって、ある子どもは三輪車に乗って走り、別の子どもは絵本を持って走ることになりました。一見不思議な行動に見えるかもしれませんが、その子どもたちにとって満足度が高いものになりました。結果として、参加する喜びを感じ、周囲の子どもたちから認められたのです。平等の観点からみれば、特別扱いをしたことになりますが、自分の思いを受け止めてもらえたことで、公平な立場を尊重したことにもなります。

インクルーシブな保育は、どちらの立場ですすめていけばいいのでしょうか。共に育ち合うことを重視し、一人ひとりの要求を大切に日々の生活を過ごす観点からみれば、自然と「公平」の立場をとる必要があるのではないでしょうか。これらを可能とするには、園の保育の質と関連しているのです。❤

楽しさが生まれる保育実践

障碍のある子どもの保育は苦楽しい

これまでの話から、「障碍の子どもは大変、保育が進まない、行事がうまくできない」状況の背景が、保育のあり方と関係していることが少しずつ見えてきたのではないでしょうか。では、どのように「楽しい」保育を実現すればよいのでしょうか。

「保育は苦楽《くるたの》しいものである」。筆者の尊敬する高杉自子氏※56は、研修の時に若い保育者に「苦楽しい」という言葉を何度も使って保育の魅力を語っていました。苦しい時もあれば楽しい時もある。混在していることの意味を切々と伝えていました。

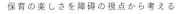

今思うと、障碍のある子どもの保育は、まさに苦楽しいものではないでしょうか。苦しい時は、子どもが理解できない状況、行動の意味が見えない状況、やってほしいことをやってくれない状況など、保育者の思いが実現できない場面が苦しい状況を生み出しています。

このような視点から考えると、保育者の願いを優先した場合、苦しい気持ちが増える可能性があります。この方向を転換するには、子どもの思いを実現する保育にパラダイムシフトすることが必要です。筆者が担任を経験していた時、クラスづくりの難しさに出会い、苦しい状況が続いた日々を覚えています。その時は、クラスをまとめたい、子どもに集団からはみ出してほしくない、活動に積極的に参加してほしい、クラスから子どもが出て行くと強い責任を感じる、生活習慣を身につけさせたい、保護者からの要望に応えなければ、など大人の思いを子どもに伝えることに重きを置いていました。

子ども主体の保育への転換

このような保育者は、障碍のある子どもに対して、自分の思いどおりに動いてくれないことに苦しさを感じると思います。しかし、子どもの思いを実現しようとする保育に転換したことによって、次のような変化が生まれてきたのです。

今、目の前の子どもに何を望んでいるのか　↓　今、目の前の子どもが何を望んでいるのか

「に」と「が」は大きな違いなのです。大人の思いを実現させる保育と、子どもの思いを実現させる保育では、保育者の思いやかかわりが異なります。子どもの思いを実現する保育にすぐに転換できるわけではありません。子どもの言葉に耳を傾け、思いに寄り添い、子どもの姿を

深く理解することが必要なのです。子どもの思いを実現する保育は、まさに子ども主体の保育への転換です。そのことで、子どもがもつすごさや発想の豊かさ、面白さに気づくことが増えます。

これは筆者にとって大きな転換でした。一番大きな変化は、子どもを信じられるようになったことです。大人の支配下に置いておきたい自分から、子どもが自分の興味・関心によって行動する面白さを見守る自分になっていました。子どもの有能さに驚嘆し、子どもの学びが明確に見えるようになったのです。そのことが、クラスづくりを面白くさせてくれました。苦しいと楽しいが混在しているものの、楽しいと感じる場面が多くなった経緯です。

このような変化は、子ども主体の保育の本質につながるだけでなく、子どもの育ちに大きな保育の意味を見出すことにもなりました。

楽しい気持ちで保育を実現するためには、保育者の心持ちや園の風土など、さまざまな要因が影響します。筆者にとっては、子どもを信じることでさまざまな要因を変化させ、楽しく保育が実践できるようになりました。

楽しい場面が増えると、翌日の環境構成や記録も少しずつ楽しくなります。特に写真や動画の活用は、保育者間の共有や子どもの理解に重要な役割を果たし、今後の保育を考える上で、ＩＣＴの活用の大切さにつながります。対話が豊かになり、園に笑いが多く生み出される可能性があります。結果として保育者のやりがいが生まれ、仕事に対する思いが深くなっていくのです。

楽しいと感じる観点は人によって異なりますが、子どもが面白いと思えるようになることは、仕事の価値にもつながります。❤

注

56　大正13年生まれ。昭和19年東京第一師範学校女子部本科卒業。19～21年東京都公立学校教諭。21～40年東京学芸大学附属竹早小学校教諭。同、附属幼稚園教諭・教頭。40～49年東京都教育庁指導主事。49～52年東京都教育庁副参事・主任指導主事。52～60年文部省初等中等教育局幼稚園課教科調査官。59～60年文部省初等中等教育局教育助成局視学官。61～平成7年昭和女子大学教授。元、文部省幼稚園教育要領作成協力者会議協力者。平成8年～子どもと保育総合研究所長。平成15年3月没

第7章

園文化の見直しは、保育の質的向上につながる

園文化とは何か

時に保守的な方向性になる園独自の文化

園にはそれぞれ、歴史的に定着している文化が存在しています。意識しないと見えない部分もありますが、文化は園にとって重要なものです。

設立者や設置者など創始者の理念や考えが継承されて次代につながり継続されています。特に私立園では、永年受け継がれてきた不易な部分が重要視され、地域社会や卒園児の保護者、在園児やこれから入園する園児の保護者にも伝わっていることがあります。保護者が園を選ぶ時には、その文化に触れ、評価するため、園にとって文化は園児募集に大きな影響を与えることになります。

大切なのは、園独自の文化に気づくことです。文化や伝統を大切にすることはもちろんですが、時に保守的な方向性になることも否めません。これまで障碍のある子どもを受け入れていなかった園に、障碍のある子どもが初めて入園する場合は、今までの文化が壊されてしまう可能性もあります。壊されることを良しとしないと、障碍のある子どもに対する否定的な感覚が暗黙のうちに広がり、クラス担任や周囲の子ども、保護者にも否定的な芽を生み出す可能性があります。

筆者がかかわる研修会に参加していた保育者から、自園では今まで障碍のある子どもを常にお断りしてきたという報告がありました。次の事例は、彼らを受け入れることで、当事者の子どもだけでなく、周囲の子どもにとっても重要な育ちがあることを聞き、自園でも次年度から受け入れる方向で検討したいといい、筆者が相談に乗ったものです。

事例1 これからは障碍のある子どもを受け入れます

その園は規模が大きい幼稚園で、行事を大切にしてきました。しかし、保育の見直しも含めて多様な子どもを受け入れることを決定しました。秋頃には受け入れ体制を整え、加配の保育者も増員し、園児募集を実施しました。

今まで障碍のある子どもの入園をお断りしてきた経緯があるので、どの程度の募集があるのか不安でした。結果として、障害認定のある3歳児3名の入園希望があり、園は受け入れを決定しました。園として、新たな方向で保育が展開できることに期待と不安を抱き、4月を迎えました。

◉保育に対する考えやあり方を見直すきっかけととらえる

3歳児2クラスのうち、2名が一つのクラスに、もう1名が別のクラスに配置されました。担任は1名ずつで、3歳児の加配の担当として、経験豊かな保育者がフリーとして配置されました。4月当初は3人とも様子を見ているようで、動きが少なかったのですが、5月の連休明けの頃から、クラスにいることが難しくなるだけでなく、他の子どもに手を出すことが頻発したのです。

障碍のある子どもを初めて受け持ったこともあり、担任は保育に対して深い悩みをもつようになりました。保護者からは「障碍のある子どもがいると、自分の子どもを見てもらえない」などクレームに近いような意見もあり、園として途方に暮れる状況もありました。

しかし、園長と副園長は、保育に対する考えやあり方を見直すきっかけを彼らが作ってくれていると考え、どこに課題があるのかなどを保育者間で真剣に語り合う時間を多くもちました。園の保育に「集団」「決まりごと」が多いことが子どもに与える影響が大きいことから、日々のルーティンや活動の見直しも実施してい

きました。

しかし、保護者から「製作活動が少なくなった」「出来映えが悪くなった」など、今までの保育と変わったことに対して文句が出ることもありました。そこで保護者会で、園長と副園長が共生社会の重要性などについて保護者に伝え、多くの保護者は納得する方向で理解が深まっていきました。

障碍のある子どもが存在することが当たり前になるまでには、3年程度の時間を要しました。結果として、保育の質的向上につながり、保育者が多様な子どもを受け入れることの価値や意味に気づき、保護者も多様な子どもが存在していることに寛容になったのです。

他の保護者の理解をどのように得るのか

事例のように、障碍のある子どもを受け入れることで、今まで安定していた園の文化が崩れてしまうことも起こります。しかし、共生社会の担い手でもある園は、時代の趨勢に合わせて変化しなければなりません。変化は時に痛みを伴うことがあります。文化を自ら壊すというよりは、子どもや保護者、社会の要請を受けた上でしっかりと見極めることが重要です。

障碍のある子どもの入園は、今までやっていた保育のあり方に疑義を突きつけてくることもあります。行事の取り組みに対する抵抗感、日々の一斉活動への参加の難しさ、他の子どもと同じことができない現実など、保育の中に新しい課題が生まれてくるのです。しかし、そのことを否定せず、寛容な心をもって受け入れ、受け止めることが必要です。

新たな出来事は大変な面もありますが、新しい文化を醸成できるきっかけでもあります。園の保育の質的向上につながることを確信して、取り組みましょう。特に保護者の理解はとても大切です。障碍のある子どもが入園してきたことで、今までやっていたことができないととらえられてしまうと、文句をつけるだけでなく、障碍のある子どもに対する否定、クラスに対する否定、担任に対する否定的な感情などが生み出される可能性があります。

大切なのは、丁寧な説明と、子どもにとっての意味を機会があるごとに見てもらい、多様性を受け入れることが共生社会を形成するためにいかに重要かなど、将来を見据えて伝えることです。「面倒、大変」という声も聞かれそうですが、これからは多様性を受け入れることが欠かせません。今こそ園の文化を再度点検して、共生社会の担い手づくりに取り組んでいかなければならないのです。

現実の壁は誰が壊す？

問題が深刻化している日本の社会構造

インクルーシブな保育は理念や概念だけではなく、人が生きていくために最も重視しなければならない、具体的な社会形成です。日本の社会構造をみると、格差が顕著となり、虐待や貧困家庭の増加、家庭の不和など、計り知れないほど問題が深刻化しているように思います。

国連と米コロンビア大学地球研究所の「世界幸福度報告書２０１８」によると、日本の幸福度は調査対象の１５６か国中54位で、先進7か国では最低となっています。このような現実の中で、どのようにすれば障碍のある子どもをもつ家族が幸せを感じることができるのでしょうか。

障碍のある子どもが入園を拒否される、入園したにもかかわらず、保育の中に入ることができず保育者も子どもも途方にくれるなど、障碍があるだけで社会の一員として認められない事例を数多くみてきました。そのたびに家族が落ち込み、誰かに助けを求めることもできず、母親が自ら悩みを抱え続けるケースにも出会ってきたのです。

大人に気づきを与える子どもの存在

なぜこのようなことが続くのでしょうか。私は、日本人の心の奥底にあるヒエラルキー（階層構造）に要因があるのではないかと感じることがあります。

人間である限り、誰もが「人より良くなりたい」「良い生活をしたい」「人より上に立ちたい」という気持ちをもつと思います。しかし、自分だけ良ければ世の中は楽しくなるのでしょうか。あるいは、自分に利益をもたらす人だけを相手にしていればよいのでしょうか。ここに強い疑問を感じます。人には特性や個性があります。しかし、人を見る目に強い枠組みをもつ人は、自分の価値観から外れた人を受け入れようとしません。「日本の多くの人は、人を見る枠組みがとても狭くなっている」と感じることが多くなりました。

結果として、一様な姿だけを尊重し、多様性を受け入れることができません。残念ながら、そんな狭い気持ちの人が増えていると感じてしまうのは私だけでしょうか。子どもの世界で仕事をしていると、人を見る目の枠が自然と広がってくることがあります。子どもの豊かな発想や大人の考えをはるかに越える意見などは、私たちに気づきを与えてくれるのです。

乳幼児期の子どもは、現実の中で生活や遊びを繰り返し、発達に必要な経験を積み重ね、多様性を受け入れていきます。インクルーシブな保育の実現、共生社会の形成には、私たち大人が、人を見る目の枠組みを広げる経験を積み重ねることが必要です。多くの人たちが多様な人と心から触れ合い、その壁に風穴を開けることを願います。そのために必要なことを常に考え、実践する人が一人でも増えることを希望します。

保育の質を高めるための園内研修

対話の醸成を通して、保育に変化を起こす

保育のあり方に対する見直しや子どもに関する課題の増加、保護者対応の難しさなど、保育のあり方には難しい問題が山積しています。特に障碍のある子どもの保育を丁寧に考えるためには、質の向上を目指して、研修を欠かすことができません。昨今の研修の必要性から、外部の研修は充実の方向がみられますが、研修は受けることだけが目的ではなく、その成果を保育の中で活かすことが求められています。

研修を受けた後の報告会は必要かつ重要ですが、研修の成果を発揮することや、研修の内容を全保育者で共有することは難しさがあります。ですから、保育の見直しを具体的に実施するためには、園内での研修を充実させなければなりません。

形式的な園内研修も多くありますが、大切なのは対話の醸成です。感じたことや思いをどのような場面でも口に出すことができる保育現場は、情報の共有や出来事の伝達がスムーズに行われます。感じたことや思いを口に出すことができない現場は、保育者間の不満が蓄積

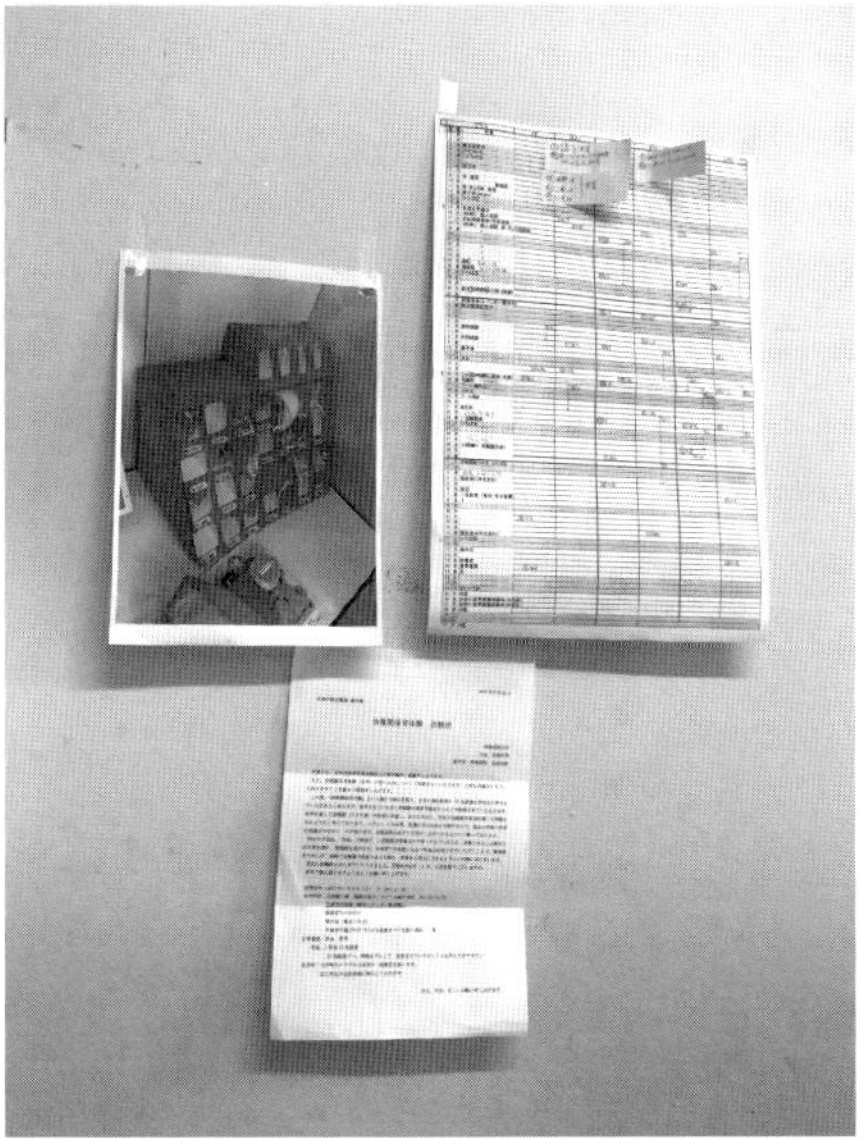

園内での連携のためにはさまざまな工夫が必要です。壁などを活用して、保育者間で共有することや子どもの様子、保育の配慮などを明記して、時短の保育者にも大切なことが伝わるようにします。

加配やフリーの保育者が時短勤務の場合、情報が届きにくいことがあります。個人カードを活用して、時短の保育者に1日の保育で気づいたことなどを記入してもらい、担任と共有します。

される可能性が高くなります。

対話が醸成されるためには、上に立つ園長・副園長・主任などが、今の若い保育者が抱えている問題に対して共感的にかかわることが重要です。単なる園長の説教や表面的な評価に終始するような研修には意味がありません。

大切なのは、園内研修を実施することで、保育のあり方に変化が起こることです。そのためには、会議を見える化する工夫や、若い保育者でも思ったことを口に出したり記述したりすることが可能となる工夫が必要です。具体的には、模造紙や付箋を使って記述し、現時点での課題を明確にした上で、会議の記録を見える場所に貼り付けておくことです。課題の克服が可能になった場合は記述を加え、変化が起きたことの共有も必要です。

繰り返しの研修が質的向上につながる

また、一度だけの研修ではなく、その成果を確認できるための工夫が大切です。情報の共有や子どもの育ちの具体的な把握を繰り返すことが、保育の質的向上につながります。園内研修の成果や意味が見出せないような課題がある場合は、第三者の立場である研究者や講師を招くことで、客観的に園の状況を把握してもらうことが可能になることもあります。

保育の質を変化させるためには、対話がしっかりと成り立つ園の文化を形成していくことが、すべての鍵になります。園内の活性化と子どもの育ち、保育者の育ちは多くの部分で関連していることが、日々の積み重ねの中に見えてきます。

4園合同研修の成果

園の文化を向上させていくためにはいくつかの方法があると思います。その際、自園だけを知っていればよいのではなく、保育という営みにはさまざまな価値観があることを知る機会をもつことが必要です。

昨今は公開保育※57の取り組みも多くなり、その成果を見聞きする機会も多くなっています。保育を他者に対して開くことで、多くの学びがあります。昨今のオンラインの良さを活用することで、今までできなかった取り組みも可能になっています。

筆者がかかわる園では、同じ方向を目指す4園が年に数回、オンライン上に集まり、研修を実施しています。初回は顔合わせや各園の取り組みの紹介でした。まずはさまざまな園があることを知り、自園の強みや課題を明確にすることから始めます。園の保育を見直すために必要な考え方や事例を発表することを通して改革の方向性を定めるなど、意義のある研究が積み重ねられてきました。ここでは、その場で取り上げた事例から、自園の取り組みの良さと課題が明確になった提案を紹介します。

保育者Aの提案内容「運動会からスポーツフェスティバルへ※58」

◎2年前の運動会の競技内容

【年少】かけっこ・表現・玉入れ
【年中】かけっこ・表現・色とりゲーム
【年長】かけっこ・組体操・綱引き・リレー
【その他】交流競技・園児家族の大玉送りなど

・年少、年中の表現(ダンス)は、流行している遊びから行いました。年中は、夏休み前に花火がはやったことから、子どもたちと身体で花火のイメージを共有して振りつけを考えました。

◎今までの運動会への違和感

・表現は日常の遊びを発展させた内容であるのに対し、玉入れや色とり、組体操などは、毎年恒例となっている。昔からの名残で残っているのではないか。
・日常の保育では遊びを大切にしているのに、急に運動会となる感じがある。

・子どもたちは楽しそうだけど、保育者からやらされている感じがあると思う。

◎名前を運動会から「スポーツフェスティバル」に変更

・「運動会」という概念をなくして、子どもが普段の「遊び」の様子を楽しんでいる姿を保護者に見てもらうことになった。

・保護者も一緒に楽しんでほしい。

◎スポーツフェスティバルの内容

【年少】親子ダンス・だるまさんのいちにち
【年中】親子ゲーム(三輪車)・箱タワーゲーム
【年長】虫かごゲーム・親子でハンターゲーム・リレー

◎スポーツフェスティバルに変えてみて

子どもたちの好きな遊びを取り入れてやってみた結果…

・「かけっこが見たかった」「子どもたちが楽しんでいた」「組体操はなくなっちゃったけどリレーがあってよかった」「名前がスポーツフェスティバルなのにスポーツしてない」「親はゲームに参加しなくてもいい」など、保護者からはさまざまな意見があった。

◎今年はどうする?

・今年も子どもたちの好きな遊びを取り入れたい! でも保護者からの意見も取り入れたい!
・クラスのカラーが違ったり、遊びの流行が違うことが悩みだった。
・1学期の様子から、年中では、野菜を栽培して料理してみた経験や鬼ごっこ、ドンじゃんけんなどを取り入れた内容を検討する。

◎振り返りと来年に向けて

コロナ対応で学年開催だったこともありますが、アットホームな雰囲気で行えたことがよかったです。子どもの今の姿と保護者の要望、他年齢の内容をバランスよく取り入れることが難しいです。前年のプログラムと似てしまうので、子どもたちの「今」の遊びの姿から行事を考えていくことが大切だと思います。

複数の園で意見を出し合うことで、新たな視点が生み出されるとともに、自園の良さや強みを確認することができました。また、気軽に話すことで日々の悩みの解消にもつながるなど、前向きな意見が多くありました。今度も継続することで、園の文化を向上させ、保育の質を高めていきたいと考えています。❤

子どもの変化を記す記録と評価

多面的に園児をとらえる工夫

乳幼児期の評価は、幼児理解を中心として指導の過程を振り返り、園児の良さや可能性などを把握しながら指導の改善を目指すことを主な目的としています。他の子どもとの比較や、一定の基準に対する達成度についての評定ではありません。幼保連携型認定こども園教育・保育要領解説では「評価の妥当性や信頼性の確保」にて、次のように明記されています。

「その評価の妥当性や信頼性が高められるよう、例えば、園児一人一人のよさや可能性などを把握するために、日々の記録やエピソード、写真など園児の評価の参考となる情報を生かしながら評価を行ったり、複数の保育教諭等職員で、それぞれの判断の根拠となっている考え方を突き合わせながら同じ園児のよさを捉えたりして、より多面的に園児を捉える工夫をするとともに、評価に関する園内研修を通じて、園全体で組織的かつ計画的に取り組むことが大切である。」（幼保連携型認定こども園教育・保育要領解説　第1章第2節2-⑷-②評価の妥当性や信頼性の確保）

障碍のある子どもについては、「できる」か「できない」かでみてしまう傾向があることも否めません。障碍の特性によっても異なりますが、他の子どもと比較してできないことが多いのが障碍です。また、言葉が出にくいタイプの子どもは、言いたいことを何度も繰り返したり、保育者が「言葉で言わないとわからないよ」と伝える場面もあります。すると、結果的に他の子どもと比較していたり、できないことをできるようにするための援助となってしまいます。こうした状況は、子どもにはどのようにとらえられるのでしょうか。

子どもの思いや声に耳を傾ける

子どもが自らの力を発揮し、興味・関心を活かして生活や遊びが主体的になる保育を目指していくと、保育者の言葉かけにも変化が生まれます。させなければならないこと、やらせなくてはならないことが優先されるのではなく、今の子どもの興味・関心を最大限に活かすためには、子どもの思いや声に耳を傾けることを出発点にする必要があります。これが幼児理解です。

保育者自身がどちらの立場に立っているか、園としてどのような保育を目指すかによって、障碍のある子どもの立場は大きく異なります。インクルーシブな保育を実現するためには、後者の考えに基づく保育が望まれます。

一方、子ども主体の保育が実践されている場合に必要なのが「記録」です。子どもの表情を写真に撮影したり、遊びに夢中になっている様子をビデオに撮ったりしたものを園内研修などで見ることによって、子どもの見え方が変わる場合があります。このプロセスを「評価」と考えることが必要ではないでしょうか。大切なのは、子どもの姿を保育者がどのように見ているかです。

ICTの活用による効果

ICTの活用は、今後の保育の質的向上において重要な鍵です。保護者と連携するアプリを活用することで、子どもの姿を日々保護者に伝えることが可能になるだけでなく、家族で園での様子を話題にしたり、時には祖父母に子どもの姿を写真や動画で見てもらうことで、日々の成長や活動の様子を知ることができます。

ICTの活用に関しては、園の環境によってかなり異なります。パソコンやデジタルカメラの活用、プリンターの設置は当然として、写真をどのように撮影してドキュメンテーション的な記録を発信するかなど、発信する方向性を定めることで、園の環境のあり方を検討する必要があります。

筆者の園では、紙の手紙を少なくすることを目指してアプリの活用を始めました。手紙を印刷して、折り、名前の印を押して確実に配布する手間は、かなりの時間と労力です。手紙の内容が膨大になることで、読んでもらえないという課題も生まれます。アプリを活用することによって、必要な情報はスマートフォンなどを通して確実に届けることが可能になります。

業務負担の軽減を目指して

長時間労働が常態化することで、保育者が仕事を長く続けるのが難しくなる、いわゆるバーンアウトといわれる状況が起こる可能性があります。保育者が数年で次々と入れ替わってしまう園の状況があることも否めません。人材不足に嘆いている状況を見聞きする中で、保育者が長く勤められる工夫は、これからの重要な課題です。

重視すべきは、定時で帰ることができる工夫です。保育者はさまざまなストレスや不安を抱えることがあります。そうすると、仕事に対する不満が高まる可能性もあります。プライベートの時間が確保でき、仕事自体が「楽しい」と思える状況を作ることが重要です。そのためには、ＩＣＴの活用によって、仕事の量を少しでも軽減させる工夫が求められます。

新しい仕事を増やすのであれば、現在行っている仕事を軽減させることと併せて考える必要があります。筆者の園では数年をかけて、次のような取り組みを実現してきました。最初から正解があるわけではなく、その都度保育者間で対話をしながら新たな道を探ってきました。経費がかかる場合もありますが、費用対効果を意識しつつ、新たな方向性を生み出すことで、新しい園の文化の形成と保育の質的向上が図られるのではないでしょうか。

- パソコンを1人1台活用する
- 全員がデジタルカメラをもち、アプリを通した発信が可能になる環境
- 園内のWi-Fi環境の強化
- ドキュメンテーション的な発信⇒現在はアプリにて実現
- 紙の手紙をできるだけ削減
- アプリを活用して、子どもの姿を定期的に保護者に発信
- 負担軽減のため、週案や日案の簡略化と情報共有
- 情報共有のため、無料通信アプリなどを活用した園内連携
- 行事までのプロセスや子どもの姿を丁寧に保護者へ発信
- 日常の遊びの充実と行事を関連させる
- 実習生の積極的な受け入れとドキュメンテーション型日誌の活用※59

これらの取り組みはすべて、「まずはやってみる」ことから検討する必要があります。その都度対話を通して、効果と課題を共有した上で、保育者から新たなアイデアを出してもらい、当事者としての意識を全員がもつことが重要です。その中から良さを探し出し、子どもの育ちに必要な保育の質的向上につながる工夫を生み出すことで、園文化の向上につながります。

注

57 一般財団法人全日本私立幼稚園幼児教育研究機構では、幼稚園等が公開保育を実施し、外部の視点を導入することによって、自園の教育実践の質向上につなげていく学校評価実施支援システム「公開保育を活用した幼児教育の質向上システム」の開発を進めてきた。平成29年度からこの「公開保育を活用した幼児教育の質向上システム」の名称をＥＣＥＱ®（イーセック）（Early Childhood Education Quality System）とし、この取組の更なる普及を目指すなどの積極的な質の向上を目指す取り組みも増えている。

58 若月芳浩・岩田恵子「幼児期の学びの経験とＴＡＰのつながり──子ども主体の教育・保育の重要性──」『玉川大学ＴＡＰセンター年報』第7号、研究ノート、２０２１年

59 大豆生田啓友他編『これからの時代の保育者養成・実習ガイド』中央法規出版、２０２０年

第8章

幼保小接続と地域連携を豊かに

多様な立場の子どもと共に生活する経験

幼児期の育ちを接続するために

園で大切に育てた子どもを小学校に引き継ぐのは、とても大切なことです。特に障碍のある子どもについては、就学までの道のりを含めて、保護者に多くの葛藤や悩みが生じます。幼児期の育ちを小学校に接続するためには、保護者や小学校への対応についてしっかりと考えておかなければなりません。幼稚園教育要領等に明記されているように、小学校との接続についてては丁寧に実施した上で、育ちや学びの共有が図られることが必要です。

就学に悩む保護者に対応する

就学前の乳幼児期は、障碍の有無にかかわらず、共に生活しながらインクルーシブな状況で生活や遊びが展開されることが一般化しています。障碍のある子どもにとっても、他の子どもと時間と場を共有することで模倣する姿が生まれたり、仲間と共に暮らしを創ることを体験します。周囲の子どもにとっては、多様な立場の子どもと分け隔てられることなく生活する経験を積み重ねていきます。ここに重要な価値があります。

文部科学省は「共生社会の形成に向けたインクルーシブ教育システム構築のための特別支援教育の推進(報告)」(平成24年7月23日)で、就学相談について次のように明記しています。

「子ども一人一人の教育的ニーズに応じた支援を保障するためには、乳幼児期を含め早期からの教育相談や就学相談を行うことにより、本人・保護者に十分な情報を提供するとともに、幼稚園等において、保護者を含め関係者が教育的ニーズと必要な支援について共通理解を深めることにより、保護者の障害受容につなげ、その後の円滑な支援にもつなげていくことが重要である。また、本人・保護者と市町村教育委員会、学校等が、教育的ニーズと必要な支援について合意形成を図っていくことが重要である※60。」

これらの具現化は重要な意味をもつだけでなく、園の立場を考えると、実現することが大切です。園の立場と保護者の思いが一致して障碍が受容され、保育の中で課題やニーズが理解されている場合、就学先の決定はスムーズです。しかし、過度に期待し過ぎたり、逆に過小評価していることで、個々の子どもがもつ特性や課題を共有できていないことが、就学先決定の混乱につながる可能性もあるのです。

保育の中で一人ひとりの教育的なニーズが明確に見えている場合は、少し長い目で見通しをもつことが可能な場合もあります。しかし、育ちが見えにくく、課題が継続する場合、園と保護者の相談の機会をもちづらくなることもあります。そうした場合、個別の教育支援計画の作成や日々の記録が重要になります。

就学先の決定はとても大切です。何よりも意識すべき点は、個々のニーズに応え、合理的配慮が行き届く場を選択することではないでしょうか。子どもに過度な負担を課してしまう就学先の選択は、結果的に育つべき部分が育ちにくくなったり、学びが深まる可能性のある要素が見えなくなることもあるので、慎重な検討が必要です。

園は、幼児期に体験したインクルーシブな保育を就学後に地域や学校で継続してもらえる手立てを検討し、小学校につないでいくことが重要です。

事例1 本当に就学先が決められません

就学を意識するようになる年長に進級したM君は、入園前に自閉スペクトラム症の診断を受けて入園してきました。

日常生活にはかなり支援が必要でしたが、年中の頃からは自立の方向に向かい、保育者が支援することなく、身の回りのことはできるようになりました。遊びについてはとてもアイデアが豊かで、自分のイメージを実現するために考えたり、工夫する姿が多く見られました。

年中の後半に保護者と面談をする機会があり、就学先について悩んでいることを聞きました。園としては、育ってきた部分が多いことを伝え、課題となっている集団への参加や、話し合いへの参加の難しさについて話した上で、配慮している点について逐一連絡をしていました。専門機関で就学相談を受けたことから、一般学級にするか、個別支援の学級にするかという迷いは日々深まっていったようです。

M君は知能は高く、言葉の理解や学習面もよく、興味のあることについては探究する力をもっています。家庭でもワークをしたり、学習教室に通うなど、日々の育ちが確実に見えるようになっています。これらが就学に対してさらに迷う原因になったようで、10月には就学時の診断が行われました。

その時、園に相談に来た保護者から「もう本当に決められないんです。助けてください」という訴えがありました。

園としては判断できないので、配慮すべき事項を学校に伝えることで、就学後に安定した生活ができるのではないかと考え、保護者が安心できる可能性について、過去の事例を踏まえながら保護者に伝える時間をもちました。また、幼保小での連携の経緯や今後の可能性について話した上で、最終的な判断は保護者に委ねることになりました。

結果として一般学級に入学したM君は、入学時の戸惑いはあったものの、担任の先生がM君の園での情報や指導要録を参考にした上で、M君が好きな学習内容や教科を評価してくれました。M君は自己肯定感が維持され、クラスの仲間からも評価され、安定した学校生活が可能となったのです。

就学先の検討で園がすべきことは？

事例が示すように、就学先の決定は保護者にとって子どもの将来を左右するほど重大な悩みになることがあます。園としては、相談を受けることはあっても、決定に関して関与するのは控える必要があります。園として配慮していること、課題となっている部分を保護者に伝えることは必要です。その際、マイナス面だけを伝えると、今までの育ちを否定することにつながる可能性もあります。まずは育ってきた部分をしっかりと伝えた上で、課題を共有する意識が必要です。

保護者からすれば、保育者の一言がプラスにもマイナスにも作用する可能性があります。それだけ就学は繊細な問題だと意識する必要があります。障碍の認定を受けている場合は、一般学校における特別支援教室（自治体によって呼称はさまざま）を選択することが多くなりますが、障碍の認定を受けていないものの、生活や活動に多くの課題がある場合は、就学先の選択に強く迷う場合があります。大切なのは、小学校に入学後、丁寧な個別配慮が可能か否かの判断です。

昨今は、就学前に就学相談を実施するのが一般化しています。時期としては、就学を検討する年長の前半から秋頃になります。校区の小学校に直接相談に行くことで、学校の雰囲気や体制について確認し、校長や副校長、養護教諭、特別支援教育のコーディネーターなどに子どものことをしっかりと伝えた上で検討する必要があるのです。

迷いはするものの、子どもの課題が見えている場合は、受け入れ先の小学校からは、一般学級で配慮が可能なことや難しい点、個別支援が必要な場合の通級制度など、学校の取り組みについてしっかりと説明を受けることができます。特別支援教育が推進されるようになってからは、多様性を受け入れていく必要性と課題のある子どもの増加傾向から、小学校はかなり丁寧に受け入れまでのプロセスを共に考える姿勢が明確になっています。これは、幼児期の育ちを小学校に接続するためにとても重要です。

迷わないタイプの保護者は就学後に課題が生まれる可能性も

園として課題が見えていても、保護者がその課題に気づいていなかったり、気づいていても触れられたくない微妙なケースもあります。このような時は対応が難しくなります。一斉活動の場面で、1回では理解することが難しく、個別の対応で他の子どもと同じ活動が可能になっているケースです。

保護者は家庭での子どもを見ることしかできないので、集団の中での課題が見えないのは当然です。5歳児クラスになると、他の子どもと相談をする機会や保育者の話を聞く場面、課題活動なども多くなります。仲間と生活や活動を実現することが課題になる場合もあります。遊びを中心とした場面では、自分の好きなことが重視されるので、課題は見えませんが、活動によっては克服が難しい場合があります。

そのような状況を保護者に伝えても理解されず、就学時健康診断も特に問題なく終わり、一般学級に就学するケースが多いです。園としては、子どもの現状をどこまで伝える必要があるのか迷います。障碍の診断はなくても、かかわりの難しい子どもは増加する傾向にあり、研修会等でも毎回のように報告があります。

早い時期に保護者と考える時間をもつ

個人情報の保護や守秘義務があるため、小学校にそのまま伝えてよいのか迷う状況があります。解決策として、早い時期に保護者と考える時間をもつことです。

就学が決定してから覆すわけにはいきませんので、4歳児の後半から5歳児に進級する頃、保護者としっかりと話し合う時間をもちましょう。ただし、「障碍の認定のために専門機関に行く必要がある」という話ではなく、残りの1年で育ちが確実になるために、園と保護者がしっかりと信頼を深めて協力する方向性を定めることです。

保護者が心配していない場合、ある程度課題を共有することも必要です。課題を突きつけるのではなく、どのような配慮が育ちにつながるのか、家庭での様子を聞きとり、課題を共有することが求められます。その際、保護者の意識と生活は個人差があるので、しっかりと情報を交換することが大切です。

話し合いは1回だけではなく、取り組んできたことの成果や課題は何かなど、密接に連携を図ることが大切です。共に子どもを育てる関係の形成を目指して、丁寧なかかわりと信頼が就学へつながることを意識して、卒園後の接続や育ちにつなげましょう。

小学校は何を目指しているのか？接続期と道徳教育

『考える道徳』『議論する道徳』への転換の下地として

「幼児期の終わりまでに育ってほしい姿」（10の姿）の中に「道徳性・規範意識の芽生え」という項目があります。幼児期は常に、体験的な学びを保育者は重視しています。障碍のある子どもと深く生活を共にしてきた子どもは、多くの場合、多様性を受け入れる姿勢が育っています。それは、子どもたち同士が親密な関係を深め、他者の立場に立つことや困った状況に出会った時に自然と相手をケアする体験を積み重ねてきたからです。

規範意識や道徳性は言葉で教えるだけでなく、体験が伴わなければなりません。「障碍のある子どもが園にいると、とても思いやりが育つ」という声も聞かれます。しかし、この言葉には注意しなければなりません。

相手への思いやりやさしさを言葉で徳目のように伝えることで、子どもは常識的なことを表面的には理解します。しかし、本当の意味で他者を知る機会や経験が少ない子どもは、うわべだけの思いやりを主張することがあります。保育者も、それを思いやりと考えてしまう場合があります。そうした状況にならないためには、配慮や支援の必要な子どもに対して自然に対応し、一人の大切な存在として受け入れ、困った時や必要な時に互いに援助し合う関係を作ることです。

インクルーシブな保育は、一人の障碍のある子どもに対して特別な扱いをしたり、思いやったりするために生活することではありません。互いにケアし合う関係が作られることで、多様性を心から受け入れることを当たり前に考えられる人に育っていくのです。そのような経験の積み重ねは、小学校以上の道徳教育につながります。徳目としての道徳を扱うのではなく、学習指導要領改訂の通知文に明記されている次の点を幼児期から意識し、大切にすることが望まれます。

「発達の段階に応じ、答えが一つではない課題を一人一人の児童生徒が道徳的な問題と捉え向き合う『考える道徳』、『議論する道徳』へと転換を図るもの」「児童の学習状況や道徳性に係る成長の様子を継続的に把握し、指導に生かすよう努める必要がある。ただし、数値などによる評価は行わないものとする。※61」

小学校以上の子どもは、知識と体験をつなぎ合わせ、自覚することが可能となります。自覚することを体験的に積み重ねられていれば、道徳教育が目指す部分は、体験とつなげて理解することが可能です。その基礎をインクルーシブな保育の中で具体的に経験することは、将来にわたって多様性を受け入れることにつながります。保育者がこれらを強く意識して日々の保育を展開するとともに、小学校以上の道徳科は幼児期からの接続を意識した上で実施してほしいと願うばかりです。

幼児期の終わりまでに育ってほしい姿と接続の大切さ

個々の子どもの成長が著しい3学期は、進級や進学を迎える大切な時期になります。5歳児については、要領・指針に共通に示されている「幼児期の終わりまでに育ってほしい姿」(10の姿)を意識する必要があります。

しかし、どの項目を見ても、幼児期にすべてを完結する内容ではありません。項目別に分けて考えるものでもなければ、一つずつ取り出して指導するものでもありません。当然ながら、到達すべき目標でもありません。

それでは、どのように「10の姿」を意識することが必要なのでしょうか。幼稚園幼児指導要録（最終学年の指導に関する記録）には、次のように書かれています。
「最終年度の記入に当たっては、特に小学校等における児童の指導に生かされるよう、幼稚園教育要領第1章総則に示された『幼児期の終わりまでに育ってほしい姿』を活用して幼児に育まれている資質・能力を捉え、指導の過程と育ちつつある姿を分かりやすく記入するように留意すること。※62」

つまり、保育者には「10の姿」を活用して子どもたちの「資質・能力」が育つ過程を見る目が必要になります。

「資質・能力」とは、子どもたち一人ひとりが本質的に、または経験を通してもっている良さです。それは「できるかできないか」といった個別の能力だけでなく、関係論的な発達※63の見方によって、つながりと学びの要素を丁寧に探ることと深く関連します。これは、障碍のある子どもにとっても重要な意味をもちます。子どもたちが時間をかけて取り組んできたことや配慮事項を明記することで、小学校における指導に役立ちます。特に、子どもの興味・関心は接続期において重要な鍵であり、落ち着いて学校生活が過ごせるヒントです。

要録を中心とした小学校への接続

要録は紙面に限りがあるため、「個別の指導計画」や「個別の教育支援計画」を作成し、活用することも重要です。「10の姿」を項目別に評価したり、遊びの中に描き出したりするよりも、個々の子どもが取り組んできたことの履歴をわかりやすく記述することが大切です。また、幼児期にかかわる保育者には、小学校での学習や教科の内容が見えていない場合も多いです。新学習指導要領は、幼児期に遊びや生活の中から学んできたことを児童期に接続することを強く意識しています。

小学校の教員が何を意識して接続を考えているのか。その立場を理解した上で、小学校の準備のための接続ではなく、子どものもつ希望や考えが実現できる材料になることを考えて記入することが求められます。障碍のある子どもが園で積み重ねてきたインクルーシブな保育の経験は、接続期にも重要なつながりをもちます。そのことを示して学校に伝えていくことが、育ちにつながるのです。

学びの連続性が可能になる連携とは

顔の見える連携

筆者の園がある横浜市では、30年間にわたって幼保小の連携に力を入れてきた経緯があります。公開授業や地域ごとのブロックにおける研修会や、連携事業としての交流会などは一般化しています。しかし、地域によっては活動が形骸化していたり、義務的に実施している状況があることも否めません。

今後は幼保小の連携を通して、幼児期から児童期までの学びの接続について、さらには小中連携を通じた学びの接続を丁寧に考えていく必要があります。

幼稚園や保育所、認定こども園、小学校、中学校など、地域にある教育や福祉の機関を確認した上で、顔の見える連携を実現することが可能になると、地域が活性化する可能性があります。筆者の地域では、学校運営協議会※64が年に数回開催されます。ここでは、地域の小学校と中学校が中心となり、自治会や保護者、教職員が話し合います。学校の情報交換や取り組みの共有、さらには学校評価などの機会となります。

このような活動を通じて、小学校の校長・副校長、中学校の校長などが本園の行事を見学する機会が頻繁にありました。ここで幼児期の子どもの学びの実態や活動の姿を理解してもらい、幼児のもつ力について理解を深めてもらうことができました。

また、年に数回の合同研修会や懇親会などを通じて、地域で働いている教員や保育者にどのような人がいるのか、顔の見える連携が可能になりました。顔の見える連携は、形式的な交流を一歩踏み出して、卒園する子どもや地域の保護者について、また障碍のある子どもの入学前の情報交換や保護者のことなど、さまざまな意見を交わすことを可能にしたのです。こうした連携は、地域の子どもの育ちや課題のある家庭への支援に重要な位置づけとなりました。

学びの共有

小学校の立場からすると、学習は1年生から始まるという誤解もありました。しかし、前述の連携を通して、学習の基礎となる学びが遊びの中に多く含まれていることを実感してもらいました。

以前は「幼児期は遊んでばかりいる」との声が聞かれることもあり、遊びに対する否定的な言葉が気になることもありました。しかし、行事などを通して遊びの中で起きている学びを見える化し、保護者や小学校の教員に理解してもらうことで、幼児期の遊びがいかに小学校の学習や学びにつながるかを知ってもらうことが可能になりました。

幼児期に大切にしてきた子どもの興味・関心が、結果として新たな学びへの意欲や継続した学習への取り組みにつながる姿から、その意味や価値を共有することができました。

事例2 4年生になって力を発揮したH君

卒園の時まで、園では難しい部分が顕著だったH君。就学前の相談でも学校側がとても心配して入学を迎えました。送り出すにあたり、園側でも学校生活について多くの気になることがあり、保護者には何か心配なことがあれば連絡してほしい旨を伝えていました。

予想どおり、4月下旬、担任の教員から園に連絡がありました。H君は特に障碍があるわけではありませんが、こだわりが強く、何に対しても自分が納得するまで探究しないと気が済まないタイプです。皆が集まっていようと、一斉活動があっても、気にすることなく、マイペースで物事に取り組むタイプです。教員はその姿をH君の良さとしてとらえている部分もありましたが、かなり心配だと感じていたようです。

授業に対して何もやろうとしない、着席できない時間が多く、忘れ物も多い。幼稚園時代はどのように生活していたのか知りたいということでした。私はH君の様子を伝え、教員は今後の指導に対する悩みをより強くした印象を受けました。

その後、保護者から学校生活がうまくいかないとの悩みを聞き、何とかできないか心配しながら数年が経過しました。2年生の時の担任からも、H君のかかわりに困惑しているとの声が届いてきました。

◉幼児期にしっかりと遊びを通して学ぶことの意味

H君が4年生になった時、幼保小の連携の研修会があり、担任の教員から意外な言葉が聞かれたのです。

「H君はとても豊かなアイデアをもっていて、学習への取り組みや学びの質がとても高いです」

H君の担任をしていた保育者は、少し驚きました。しかし、H君の様子を聞いてみると、総合的な学習の時間での探究学習や調べもの学習において、すばらしい成果をみせ、周囲の子どもからも一目置かれているといいます。担任の教員も1・2年生の時の状況を見聞きしていて、自分が担任になった時に不安があったそうです。しかし、H君とか

かわればかかわるほど、その良さが見えてきたとのことです。教員のH君を見る目が変わることで、H君は自己肯定感が向上し、学校生活が充実するようになったのです。

その後、H君が中心になって、幼保小の交流の機会があり、先頭に立って園で年長児に紙芝居の読み聞かせに来てくれました。幼児期の経験がどこで開花するか見えない部分がありますが、育ちをつなげていくこと、幼児期にしっかりと遊びを通して学ぶことの重要さをH君が教えてくれた結果となりました。

連携の大切さを園側から発信する

1・2年生の時は教員や保護者、本人にとってつらい状況が続いていましたが、3年生以降の総合的な学習の時間は、彼の潜在的な力が開花する結果となったのです。その力を教員が認め、園に来る機会があったことは、H君の自己肯定感の高まりと自信の回復につながり、保護者にとっても安心感につながりました。

幼児期に身につけた遊びを通した学びは、結果や成果がすぐに見られる場合もあれば、数年後に見られることもあります。このような成果は連携があるからこそ理解でき、こうした事例を幼児教育の立場から発信することが必要です。❤

将来展望と課題
——園は何をすればよいのか

共生社会の形成や多様性を受け入れるために

障碍のある子どもが存在することが当たり前の状況が生み出されるインクルーシブな保育が実現されるためには、保育の見直しや質的向上が求められます。多くの園は障碍のある子どもを受け入れて、課題は生まれるものの、その意味や価値をしっかりと理解し、保護者と連携しながら小さな育ちを丁寧に読み取っています。そして、その育ちを小学校に接続しながら、地域で子どもの育ちを支える取り組みを行っています。

一方で、障碍のある子どもの入園に対する拒否や入園後に退園を迫る状況があったり、保育者が深い悩みをもつことも否めません。共生社会の形成や多様性を受け入れることは、その理念を理解するだけでは実現が困難です。

共生社会の担い手が育つ文化

幼児は、他者に対する否定的な見方や差別的なとらえ方をすることは少ないと考えられます。見た目や行動の評価に対してネガティブな感情をもつ原点は、大人の思いやかかわりから生み出されることが多くあります。将来の共生社会の担い手となる人が育つためには、幼児期から多様な人と共に生活や遊びを積み重ねることが大切です。他者を知る経験を積み重ね、障碍があっても1人の大切な人としてかかわる経験は、就学後や将来にわたり人を差別することに否定的な考えをもつ大人になることにつながります。

障碍のある子どもと共に生活している周囲の子どもが共生社会の担い手となることを意識して、保育者はその意味と価値を考えながら実践する必要があります。保育者の対応や考え方は、障碍のある子どもや周囲の子どもに直接的に影響を与えることを意識しなければなりません。そのような園の文化の醸成は、長期的視点において大切です。

常に保育の見直しを意識する

障碍のある子どもが園にいることは、保育や保育者に新たな視点を生み出す機会となります。障碍のある子どもは、私たちの保育のあり方に課題を突きつけるだけでなく、子どもの理解やかかわりが間違っていることなど、今までの概念を覆すような新たな気づきをもたらしてくれます。

今まで障碍のある子どもを受け入れていなかった園にこのような状況が起こると、排除の論理が働き、結果として障碍のある子どもを阻害したり退園を迫ることになりかねません。また、差別意識を生み出し、当事者の子どもや家族をつらい状況に陥れ、在園している子どもや保護者が差別的な体験を積み重ねる状況を生み出してしまいます。

このような状況をなくすためには、障碍の理解と学びを深めるだけでなく、今までの保育のあり方をどの子どもにとっても必要な保育へと見直しを図る意識をもつことが求められます。

研修の積み重ねと園内連携

保育の質的向上のために研修は必須ですが、園全体での研修は時間的な問題や研修の内容などに課題があり、実現には難しさがあります。幼稚園や保育所、認定こども園等の団体では、保育者向けに多くの研修を実施しています。またキャリアアップ研修も頻繁に開催されるようになり、この傾向はとても重要な意味があります。

しかし、障碍のある子どもの保育を丁寧に考えることは、1人の保育者が研修を受けるだけで実現するものではありません。園として、多様な子どもを受け入れること自体が保育の質的向上につながることを意識し、個々の子どものもつ要求や要望に応える、子ども主体の保育を実現することが必要です。そのためには、園内連携や課題解決のために必要な具体的な対応を検討し、園内で共有します。

外部の研修に参加した場合は、報告だけで終わらせず、実際に園でどのように活用できるか、キャリアアップ研修であれば、往還的に研修の成果を保育で実現することが求められるのです。保育者間で子どもの課題を共有し、対応や成果を園内で見える化した上で連携が可能となれば、障碍のある子どもの育ちを共有することになります。研修と園内連携は表裏一体となり、結果として保育の質的向上につながります。

園長先生がんばって！

これまで述べてきたことを総合的に考えると、園を担う園長や副園長、主任等の管理職が重要であるのはいうまでもありません。園をマネジメントする役割を担う人は、本書で示している多義的な要素について意識した上で、具現化することが必要です。

そのためには、園の中長期的なビジョンに何を掲げ、どのような園づくりをするのかを、保育者間で共有することが求められます。障碍のある子どもの保育は、園長の理念や考えがとても重要です。トップダウンではなく、園長の思いを共有した上で、全保育者が主体的に保育に関与するだけでなく、個々の保育者がもつ課題や要望を大切にしながら、日々の仕事に対する意欲を高めるチームづくりが必要です。

園長が一人ひとりの保育者に目を向け、悩みや課題がある場合には対話を心がけ、保育者を大切に育てる意識をもち、子どもの課題は前向きにとらえ、ともに解決する姿勢が大切です。また、保護者への対応で課題がある場合は、園長が真っ先に対応するか、職員の対応を後押しするか、副園長や主任が対応するかなどの判断も重要です。すべての出来事に園長が関与すると保育者のやる気を削ぐ可能性もあるので、対応する人や中身のマネジメントも重要です。

注

60 文部科学省「共生社会の形成に向けたインクルーシブ教育システム構築のための特別支援教育の推進（報告）」（平成24年7月23日）

61 「学校教育法施行規則の一部を改正する省令の制定、小学校学習指導要領の一部を改正する告示、中学校学習指導要領の一部を改正する告示及び特別支援学校小学部・中学部学習指導要領の一部を改正する告示の公示並びに移行措置等について（通知）」平成27年3月27日、文部科学事務次官

62 「幼稚園及び特別支援学校幼稚部における指導要録の改善について（通知）」平成30年3月30日、文部科学省初等中等教育局長

63 固体能力の測定などによる評価ではなく、人や物とのつながりを重視した発達観。研究としては鯨岡峻氏に代表される。

64 学校運営協議会制度は、学校と地域住民等が力を合わせて学校の運営に取り組むことが可能となる「地域とともにある学校」への転換を図るための有効な仕組み。コミュニティ・スクールでは、学校運営に地域の声を積極的に活かし、地域と一体となって特色ある学校づくりを進めていくことができる。

本書は日本教育新聞の連載『どの子も輝く「障碍児保育」』（平成28年4月〜8月）、『インクルーシブな保育とは』（平成30年9月〜平成31年2月）をもとに加筆・修正を行いました。

おわりに

保育の質的向上は、絵に描いた餅であってはなりません。日々の子どもとの接点の中で、どの子どもにとっても大切な保育が生み出されるのです。それは一人ひとり異なるだけでなく、保育者一人ひとりにとっても難しさがあります。障碍のある子どもは、私たちが普通に考えている保育に対してさまざまな視点を生み出すことを可能にしてくれています。しかし、現実には「障碍のある子どもがクラスにいると大変」「障碍のある子どもがいると保育が成り立たない」という声を発する園長や保育者が存在していることは悲しい限りです。

なぜ保育のあり方を見直すことができないのか、なぜ自身の子ども観が変更できないのか。障碍のある子どもを責めることで自分を正当化するからこそ、保育の質的向上が実現できないのではないでしょうか。

このような現状を打破するためには、多様性を受け入れることの意味と価値を社会に積極的に訴える必要があります。マイノリティの声が届かない社会構造を見直すことと、多様な子どもを受け入れることを実践している園や保育者がその重要性を認識した上で、小学校や社会に対して積極的に連携・交流し、障碍のある子どもの育ちや家族を支える意識をもつことが、これからの社会に求められます。簡単ではありませんが、障碍のある子どもを受け入れている園では、確実に共生社会の担い手を育てているのです。

教育や保育にかかわる人々は、枠の中に入る人だけを対象とするのではなく、枠からはみ出てしまう人を大切に考え、具体的な実践として具現化することが求められています。本書を手に取った方がその方向性を理解し、今後の共生社会のために役立てることができれば、私の実践と研究の意味が少しずつ理解いただけるのではないかと考えています。

まだまだ見えないことも多く、実践と研究を深め継続することが、これからの使命であると思います。

本書を作成するにあたり、日々の実践を快く公開してくれた四季の森幼稚園の教職員に心から感謝します。また、本書の原稿について粘り強く督促を続けていただいた中央法規出版第一編集部の平林敦史様、近藤朱様には感謝しかありません。本書を執筆するにあたり、そのきっかけを作ってくださった日本教育新聞社の渡部秀則様には心より感謝申し上げます。本当にありがとうございました。

2022年2月

若月芳浩

◉ 著者紹介

若月芳浩（わかつき・よしひろ）

玉川大学教育学部乳幼児発達学科教授・同大学院研究科長、学校法人育愛学園理事長・四季の森幼稚園園長。
2003（平成15）年、旧香蘭幼稚園園長に就任。聖ヶ丘教育福祉専門学校、和泉短期大学非常勤講師等を経て、現職。2007（平成19）年4月1日より学校法人育愛学園理事長、四季の森幼稚園園長に就任。日本保育学会会員、日本自閉症スペクトラム学会会員、日本乳幼児教育学会会員、子どもと保育総合研究所所員。著書に『保育の変革期を乗り切る園長の仕事術』『採用と育成の好循環を生み出す園長の仕事術』（編著、中央法規出版）、『新しい保育講座14　障害児保育』（編著、ミネルヴァ書房）、『人間関係の指導法　改訂第2版』（玉川大学出版部）などがある。

「インクルーシブな保育」導入のススメ
多様な子どもたちを受け入れるための心得

2022年4月20日　発行

著　　　者　若月芳浩
発　行　者　荘村明彦
発　行　所　中央法規出版株式会社
〒110-0016　東京都台東区台東3-29-1 中央法規ビル
Tel 03（6387）3196
https://www.chuohoki.co.jp/
造 本 装 幀　Boogie Design
イ ラ ス ト　福々ちえ
印 刷・製 本　図書印刷株式会社

定価はカバーに表示してあります。
ISBN978-4-8058-8462-1